U0114344

地政士考試之

寶刀屠龍

楊景麟 著

 博客思出版社

目錄 CONTENT
CONTENT

CONTENT

有功夫，就無懦夫

我們擁有藝術 所以不會被真相擊垮。──尼采

這不是尋找答案的書，而是征服考試的藝術。

我沒有資格「製造博士」，但卻有通過地政士考試的「秘笈」！

在你找到「法條組成」的參考書前，請先讀完這本「經驗與圖塊」組成的天書！

很多人說：「天啊！每年地政士的錄取率比律師還低，很難考耶！」是的，依筆者的經驗，每年地政士報考人數約有六千至七千名，但錄取名額卻只有一兩百人，若以傳統準備考試的方法而能夠順利考上地政士的機率，跟發票中頭獎差不多；有位幽默的朋友說了一個黑色笑話：「一位企圖尋短的人多次嘗試自殺，但始終無法成功，原因不外乎兩個，一是去死的決心不夠，二是自殺的方法不對」；同理，地政士國考成功的關鍵不外乎兩個「決心要夠，方法要對」。

筆者從小就不是愛唸書的小孩，可說投機取巧小聰明一大堆，每逢考試就常幻想這世界上有沒有像漫畫般的一本書，可以應付所有科目，可惜！天不從人願，最終只能在多啦A夢與老師的棍子中尋找了；長大一點後發現，原來考試的成績與用功的程度並沒有絕對關係，關鍵就是在於準備考試的方法；長得更大之後，考試題目開始出現所謂的「申論題」，筆者承襲從小不愛念書頭投機取巧的習性，充分發揮自以為是的小聰明，秉持著「看圖說故事」的優良傳統（其實就是瞎掰），天祐筆者，雖然關關難過但還是關關過，使筆者更加堅信考試是有方法的。

所以各位考生們不用害怕，不愛念書，沒關係！在校成績不

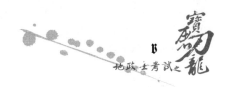

好,沒關係!記憶力不好,沒關係!甚至你八百年來沒再參加過考試,也沒關係,只要跟著作者的腳步,考生仍然大有可為;每年報考地政士的考生中包括不動產相關科系甚至法律系畢業或在校學生,另外亦有半路出家和從事相關領域的工作者,可說各路英雄好漢齊聚一堂;有鑑於此,筆者依親身應考經驗並融合多家補教業者之教材,在全書裡使用最通俗,最淺顯易懂的文字(若要說鄙俗我也完全贊成),整理出最有效率(最省力,省時,效果最大)的方法,提供給在法海中載浮載沉,拼命設法游到彼岸的好漢們參考。

其中包括準備考試前的「心態建設」,申論題的「得分技巧」,並提供了筆者獨創的「4合1肥肉抵擋術」、「阿里不答關聯圖」、「莫名其妙記憶口訣」以及「唱歌寫作特訓法」,針對每個出題的議題,透過正確的心態、關聯圖、口訣等方式,架構起完整的結構,最後考生們在考場上只需「看圖說故事」地從容應答即可;如此對於棘手的申論題,考生們就不會驚慌失措,言不及義了。

不論你是現在才開始準備應考的考生,或是身經百戰越戰越勇的考場戰士,在您開始念那些枯燥乏味的考試用書前,請先仔細看完本書,筆者相信這會是您邁向地政士之路的關鍵,亦或是調整準備考試方向的一本良書。期待這本書能抵過您苦讀數十本不著邊際,亦或是應付難以琢磨且千變萬化的申論題無實質幫助的參考書;再次強調,本書無法與學術界之大作相比,但絕對是幫助您通過考試的一本奇書,筆者僅就方法、結構、經驗等予以歸納整理,至於細部法條的佈局仍待考生們自己用功努力;好比您這生沒看過「人」長什麼樣子,主考官卻要求你畫出一個人的形體,筆者在此提供你人類清晰的骨架,至於肉的部分及人的神韻唯有靠你自己填充與雕琢了。

原本筆者只計畫寫一本由4個專業科目合併在一起的書,但由於筆記的數量龐大,一本書無法細膩的涵蓋全部,尤其是「阿里不

答關聯圖」的精髓無法在一本書中表現得淋漓盡致，再加上市場反應熱烈，應讀者要求將此系列的書拆成兩部份（屠龍刀與倚天劍），本書（屠龍寶刀的部分）僅以「民法」與「土地登記」兩科做為撰寫基礎，同時也告訴你準備「國文作文」的「偷吃步」；至於另一個部分「土地法及土地稅法規」以及「債權與信託法」亦會在近日出版（地政士之倚天劍），請讀者們拭目以待。

第一篇 要練此功，請先自宮

走你的路吧！不必理會別人怎麼說。——但丁

別害怕！自宮的本意是要「矯正一下」考生的心態與方法（厚！嚇出一身冷汗）；若考生們自認為無須矯正，那麼這篇文章就「參考，參考」就好囉！

每逢國考旺季，書局中新上架的參考書總是琳琅滿目，而且都號稱xx天考上……；這讓筆者想到周星馳的電影——「破壞之王」中的「懦夫救星武館」：

「鐵砂掌」沿於四水，威力無窮，任何人被擊中，五臟俱碎，而導致送醫途中不治，兩日練成收費600；「鐵布衫」，源於福建以北七十公里，汕尾以南30海里之南少林，練成之後全身堅硬如鐵，刀槍不入水火不侵，五日練成收費800；「血滴子」源於明末清初，乃大內暗殺組的獨門暗器，取人首級於千里，易如反掌，七日練成收費1000；「電光毒龍鑽」……「閃電五騎士」（連鹹蛋超人都出來了）……。

作者套句「懦夫救星武館」老闆的話說：「我這個人比較低調，淡泊名利，最討厭沽名釣譽的傢伙……。」筆者並不認為只看某系列的參考書就能在短時間考上地政士，尤其是應付現在變化多端的考題；再加上考生們多半離開校園已經很久了，甚至從來沒接觸過法律或是半路出家的人大有人在，試問xx天就金榜題名機率有多少？本書僅能充其量的告訴你練功的法門，並且很真實的告訴您這是多位上榜地政士考試的經驗，而且也是你離上榜最近，最快速的道路之一；筆者深信世上沒有唯一的修行方法，只有「師父引進門，修行在個人」的道理。

本書第一篇主要是說明「練功前的準備（包括心態與方法）」，作者除了感念考生們在百忙之中撥冗閱讀此應考書籍，同時為避免考生們在練功後才發現誤入歧途，所以在本篇章開宗明義就以圖形的方式整理出最佳的應考心態與準備方

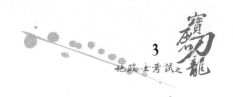

向，期待這對您有所幫助。

　　此兩張圖除了節省您翻閱文字敘述的寶貴時間外，同時也時時提醒著已經在練功的考生們，您練功的心態與方向是否偏離了師父的教誨？透過這樣的檢視，可即時予以修正或是繼續保持下去，直到功德圓滿，考生獲得救贖為止。（阿彌陀佛，阿門！）

（圖1）練功前的自宮圖

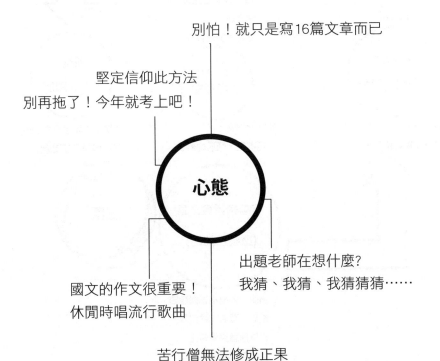

別怕！就只是寫16篇文章而已

堅定信仰此方法
別再拖了！今年就考上吧！

心態

出題老師在想什麼？
我猜、我猜、我猜猜猜⋯⋯

國文的作文很重要！
休閒時唱流行歌曲

苦行僧無法修成正果
坊間參考書拿來翻的

（圖 2）練功時氣場循環圖

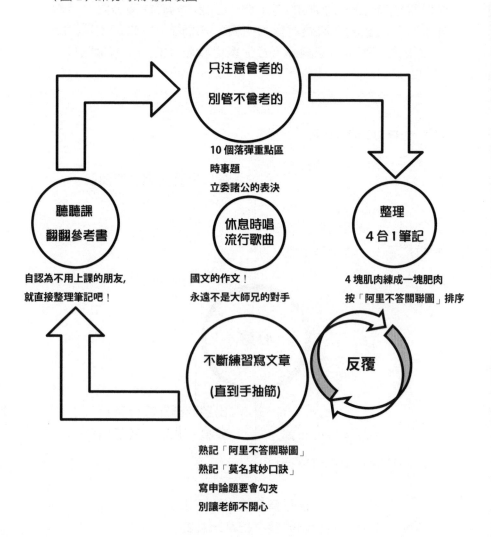

第一章

別怕！就只是寫 16 篇文章而已

每朵烏雲背後都有陽光。——吉伯特

　　根據考選部及坊間補教業者公佈的專技普考地政士考試科目共有：1、民法概要與信託法概要；2、土地法規與地政士法；3、土地登記實務；4、土地稅法規；5、國文（含作文一篇）。為了好記好念，我們不妨簡稱地政士要考的科目是：民法，土法，土登，土稅外加作文一篇。

　　每科專業科目通常會出4題申論題，所以4科共計16題申論，換句話說考生們若要上榜就要寫17篇文章（含作文），讓典試老師看完後，覺得神清氣爽，心曠神怡，嘖嘖稱是，夠水準，夠專業，有內涵……的文章就對了，這樣看來似乎不會太難，但又有點難，是嗎？各位考生莫驚慌！請放輕鬆，不論您是否為不動產或法律相關科系畢業或在職學生，亦或是從未接觸此領域之有志之士，不管您是否天資聰慧，亦或是過目即忘的普通人，若您依循筆者這套方法，熟記「阿里不答關聯圖」及「莫名其妙口訣記憶法」，堅持將複雜事情結構化簡單化，簡單事情重複做，依照筆者的經驗，最終真的就只剩下在考場上順暢的「看圖說故事」，並且交出16篇可以讓您金榜題名的文章如此而已。

　　孫中山名言：「思想產生信仰，信仰產生力量」，所以正確的思想是產生力量的基石，筆者已為您整理出正確的思想，考生們只要對此套方法產生堅定不移的信仰，並在最短的時間內反覆練習，相信您最終必能金榜題名，筆者在此誠心的告訴你：「信我者，得證書。」

1.1　16篇專業文章哪裡是出題的天堂

　　你可能不知道自己要的是什麼，但是，要先知道自己，不要什麼。——《走在夢想的路上》‧謝哲青

　　接下來針對16篇文章，我們依各科目予以分解，找出哪裡是出題的重點？我們就多花點時間與精神在重點的區域，反之對於出題機率極低的區域，在考生們行有餘力閒暇之時再來處理就可以了。

　　民法概要這科考的是「概要」，顧名思義主考官設定每位考生不是法學專家，不可能出一些艱澀難懂的法學知識，所以考生們若手中的參考書內容，有一直強調某學說與某學說的比較者，請趕快放下那本書不是屬於你的書；依照常理判斷，出題的方向一定是與一般人民在「生活上」及地政士在「業務上」會觸及到的問題為主，往年四題的命題中通常一定會出一題與繼承相關的題目，在繼承考題裡又會把親屬的基本概念參雜一起考，故考生們在整理筆記及練習寫文章時，可把繼承這題視為民法得分的灘頭堡。

　　但民法繼承編範圍這麼大，又該如何準備呢？別急！本書會教你取得基本分數的方法，領略了此方法後，當您在考場上看到題目的當下就可搖筆寫出最基本的段落，而當您看懂題目在問什麼時，此題的基本分數已經拿到手了，至於後面的段落，考生們再針對題目要問的核心予以補充即可。另外民法概要這科往年一定會出半題（與其他題目混合至一題）的「信託」相關法條，信託法考的也是「概要」，同理可知，不需鑽研在很深奧的法海裡；

　　而地政士的主要業務工作在於簽訂當事人間的各種契約，聰明的你當然不會放過在債編有關「契約」的領域，另外地政士亦是代理當事人辦理物權移轉的專業人士，故「物權編」的所有權（含共有）就成了重點中的重點，民法考四題而你已經很有把握的知道三題的區塊了！當然，命題的核心會落在哪裡？仍有待考生們努力研

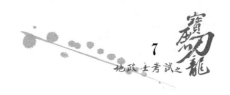

讀方能完全，此部分留待後面本書章節筆者再傳授您得道心法。

土地法規這科看似平常實際上是最複雜的一科，先不說其他法規，每年的考題一定會出現一題「地政士法」，與一題「徵收」相關的題目，地政士法當作是你的大補丸，就當成主考官們念及考生們的辛勞而予以贈送分數，若您不把地政士法當作一回事，那真的太對不起主考官了，所以在準備考試時，地政士法當作土地法這科得分的灘頭堡，（其重要性有如民法的繼承），地政士法是屬於攻擊得分行的題目，亦可大膽地當「問答題」來應付，建議考生每天固定30分鐘直接背地政士法條就好；另外「徵收」部分是土地法考試的重點核心，其範圍及重要性，直逼民法的物權編，考生不可不慎。

土地登記實務分成「登記總論」，「登記各論」及「測量」三部分；總論部分於本書各章中運用筆者發明的「莫名其妙口訣」及圖像記憶法即可迎上刃而解；至於「登記各論」說穿了就是民法物權編中各種「不動產物權登記」，故考生在練習寫申論題與整理筆記時，建議您把各種登記拆開來，依照民法物權編中不同的物權予以分類，這對考生們寫申論題時可引用民法條文有極大幫助；有登記就有「測量」，每年勢必會考一至二題關於「建物和土地的測量」，考生們莫驚慌，待我留在後面章節予以說明。

土地稅法這科往往是考生們的最愛，原因無他，乃在於各種稅法分門別類清晰明瞭，但筆者認為若要取得高分，只是針對某種稅法研讀背誦是不夠的，因為個種稅法的源頭在於土地法中的地稅篇（即規定地價，規定改良物價，照價徵稅，漲價歸公，照價收買），所以回答土地稅法申論題時，可大量引用土地法中的土地稅篇的條文，才是得高分的關鍵，其關聯性在本書獨創的「阿里不答關聯圖」中有詳細說明。

考生在準備民法物權編時，若依此要領不斷產生「連結」，

「土登各論」也差不多可以搞定了；在研讀土地法地稅篇時，土地稅法規相關的概念也迎刃而解，扣除國文中的作文，對於剩下的十六篇文章，我們其實已經看出了某些區塊是一定會出題的，例如：繼承、物權、債權（契約部分）、信託、地政士法、徵收、登記各論、地價稅與房屋稅、土地增值稅……這十個區塊是往年命題的重點核心，考生們若沒有足夠的時間念書，筆者建議您就直接針對上述十個部分重點加強，當然，這10個區塊的每個區塊的範圍仍然不小，其處理方法留待本書後面章節予以說明。

　　在本章節最後，筆者就地政士全部考試科目「最主要」的部分，及其之間的關聯性繪製成圖，目的是讓考生們看清整個考試範圍及輪廓，值得注意的是連結性越多的地方其實就是16道題目最常出現的地方；圖中「民」字為「民法」，「土」字為「土法」，「登」字為「土登」，「稅」字為「土稅」；你會發現「土登」被分散在民法與土地法兩個地方，同時「土稅」與土地法的地稅篇關係較為密切，建議考生在整理筆記時，用四種不同顏色予以區分，並用活頁紙按照圖中樹狀結構「依序排列」，以此圖的骨架為依託，整理與練習你的文章，在這架構上予以增加活頁紙即可（活頁紙不斷抽換）。這麼做的好處請看「四塊肌要練成一團肥肉」及「如何整理四合一筆記？」一章。

（圖３）地政士考試最主要範圍圖

在圖中你可以很明顯看出左邊民法（民）與右邊土法（土）為兩個大支柱，可說是整個考試的「源頭」；歷年地政士的考試，基本上是圍繞在此圖的框架內，但考試範圍絕不僅限於此。（這只是最粗略，也是最最最……簡化的重點）

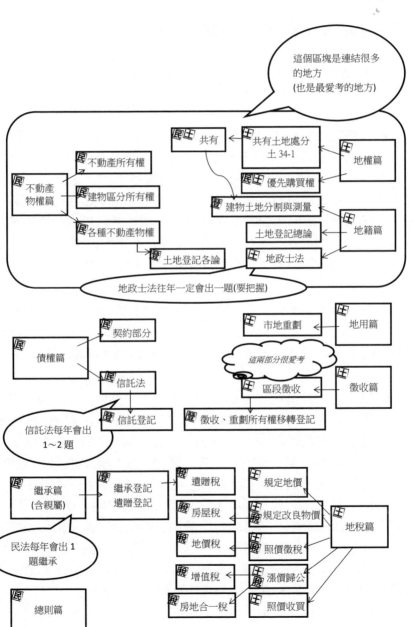

1.2 時事題 vs. 立委諸公們的表決

　　真正重要的東西，只用眼睛是看不見的。──《小王子》，安東尼·聖修伯里

　　拜台灣蓬勃的媒體及資訊自由開放之所賜，台灣人每日可接觸到的社會新聞及政府法令可說不勝枚舉，隨著時代的演進，傳統的考古題早已無法應付現代的國家考試，當考生們在茶餘飯後打開電視報紙，吸收每日新聞報導時，千萬別忘了！命題老師們也跟您在做同樣的事，唯一不同的是在他們腦子裡想著最近有什麼關於房地產或地政士的消息，可作為出題的議題，畢竟數十年來可考的題目，該考的應該都考過了，考題如何維新？已是近年來典試委員日思夜想的事。

　　所以，考生在準備考試期間，即便是休閒時間，筆者建議您多長個心眼，留意一下關於房地產、地政士、稅務或土地登記方面的消息，同時模擬一下新聞的議題轉換成題目時，命題老師會怎麼問？

　　模擬的方式就是在筆者獨創的「阿里不答關聯圖」中找出其架構，若考生有時間就順手拿張紙練習文章的架構，在架構的同時照理說法條也會在您的腦中一一浮現；千萬別忽略了時事題的威力，每年四科十六題中至少會出現一到二題與時事相關的題目，我們就當作這是社會大眾對考生們「洩題」吧；若加上本書前面章節整理的十個核心區塊（請看〈16篇專業文章哪裡是出題天堂〉一章），我們準備考試的範圍，已經從如浩瀚宇宙般的大，縮減到如螻蟻般的小，而地政士考的專業科目一共也才十六題，你只要掌握到10題其實就已經到了及格的邊緣（當然，國文不能考得太差！準備的方法請看〈國文作文？永遠不是大師兄的對手〉一章）。

　　若時事題還無法讓考生們安心，那麼筆者再告訴你一個天大的

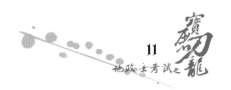

好消息，那就是法規最新修改的條文命題的機率幾乎百分之百，但還是請您斟酌條文的修改幅度；通常法規有其安定性，非到不改的地步不會任意修改，即便現在很多法條不適用於當前社會，但只要行之有年且仍能維持社會正常運作的條文，只要立委諸公們沒有表決通過並經總統發布，那麼！法條是很難異動的；反之，若有確定經總統發布且明定何時生效施行者；各位考生們請切記，這是個天大的消息，因為典試老師必定有其敏感度而將其議題列入命題範圍。

若修改的法條會影響兩個專業科目者是再好不過的事，例如土地法地籍篇的法條有修正的話，那麼你在考土登時就可加以引用，這種「摸蜊仔兼洗褲」的好事當然不可錯過。

你看！又命中了一題，我們離集滿16題又跨近了一步，但別高興太早，畢竟本書僅能傳授正確的方法與方向，至於答題書寫文章的技巧，仍有待考生們繼續研讀本書後面章節並且不斷練習。為讓考生們安心，筆者在此先透露一下，其實答案是有「公式」的，請考生們莫驚慌；雖然依循以上的方法縮小命題範圍後，即便考運超好每題都被你猜中，但若缺乏本書後面章節所傳授的技巧，那麼很有可能在考場上產生遺珠之憾。

綜合以上的整理，筆者為您以圖像的方式整理出命題老師最有可能落彈的區域，從現在開始您要保持著敏銳的心，小心留意著生活週遭發生的事物，思考一下是否與以下整理的「落彈點」有關聯性，這會是你是否上榜的關鍵，若您自知已經沒有足夠時間應付考試了，筆者建議您，就只鎖定以下範圍，將其他部分「鞭數十驅之別院」，放手一搏吧！

（圖４）
圖中「實線的圓」算算就有 15 個了，這 15 個議題是往年武林至尊們（典試委員）最愛出招的地方，若您自知沒有足夠時間準備考試了，甚至本來就是抱持著投機心態應考（筆者也不反對），建議您就只要把這 15 個區塊搞定吧！（注意是搞定，不是瀏覽），尤其是注意「狂轟濫炸區」；還是那句話：

「只注意會考的，別管不會考的」。但還是強烈建議您一定要先搞懂整個（4個科目）的架構，至少你要知道「土地增值稅」議題是與「土地法地稅篇」的「漲價歸公」有關；「契約」的議題是與民法的債權篇有關，如此寫申論題時才會有分數，畢竟武林至尊之所以叫「至尊」，是因為他可以從你的考卷上看出你有幾成功力。（小心！別被至尊們一眼看破就好！）

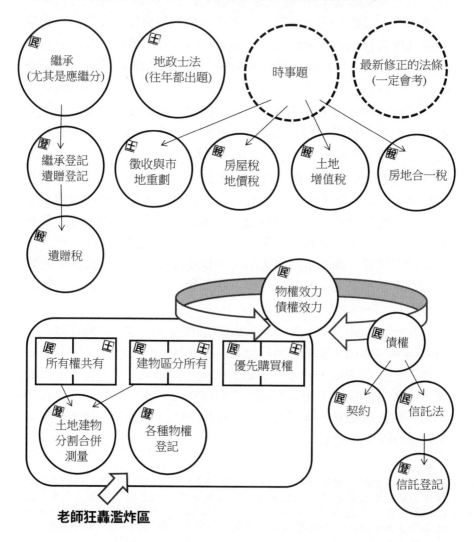

老師狂轟濫炸區

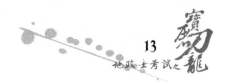

1.3 要寫出好的文章就只有一個字──「練」

　　只要你有一件合理的事去做，你的生活就會顯得特別美好。──愛因斯坦

　　很多地政士的考生並非全職的學生，因種種因素必須一邊工作一邊準備考試，當然！這樣的情況是很辛苦的，由於多數考生早已離開學校生活好一段時間了，為了準備考試，必須於下班和假日期間參加補習班，並利用空檔的時間拿起參考書猛翻猛背，但可惜的是，只是上課，聽講，作筆記，念講義，背參考書這樣是不夠的。

　　因為真正在考場上勝敗的關鍵在於那張答案卷裡面的內容，畢竟改考卷的老師並不認識你，他不會無聊到每天用google map追蹤你，看你是否很努力的在準備考試，更不可能以你努力的程度當作給分的依據，但他卻只知道，眼前「撰寫這篇文章的作者」是否有資格成為合格的地政士。

　　所以要寫出好的文章不僅只是聽過看過如此而已，而是在考場中運用有限的時間，以及最快速清晰的架構鋪陳出一篇篇讓典試老師感到驚豔，且準確回答題目重點的文章；換句話說「如何在考場上把握時間振筆疾書？」已成為準備考試時的一個議題。

　　依照多數通過考試的地政士經驗分享，多數的考生絕對不是在考場上才開始構思與鋪陳（考試又不是在即興創作），而是在準備考試期間不斷練習，練習，再練習……（一直寫就對了）；在考場上，當試題發下來時，考生初看到題目後（還沒看完前），已經可以把該題的基本分數部分書寫完畢，當完全看懂題目明瞭老師在問什麼後，考生心中只剩下書寫問題核心的部分，增加幾段加強重點的文章，並增加詞藻的點綴而已；最重要的是，考生腦中的全部完整資料，有如滿彈夾裡的步槍子彈，連發式的傾瀉在答案紙上，並且胸有成竹的確定已無遺漏未寫的，如此才是應考之道。

　　或許你會問：「題目千變萬化！真的可以做到這樣嗎？」，是的，不要懷疑，這是有方法的，答案就是「公式」；只要你依照筆者後面章節整理出的「公式」不斷練習，練習，再練習……即便你平時沒有時間書寫，也請你在腦中跑過一遍又一遍，相信這對你在申論題作答是有很大幫助的。

　　筆者不能自大的拍胸脯告訴你：「聽話照做，保證你上榜！」，但可以確定的是，這套武林絕學必定會把你推向60分的邊緣，最後就只剩下你自己該負責的那一兩分，畢竟不論你總平均是99分還是60分……你都是合格的地政士。

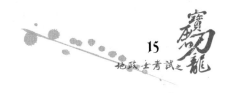

第二章

我猜，我猜，我猜猜猜

知己知彼，百戰不殆，不知彼而知己，一勝一負；不知彼不知己，每戰必殆——孫子

古人說：「知己知彼，百戰不殆」，這位古人是誰？就是中國歷史上最偉大的軍事謀略家——孫子，考生們不要懷疑，國考的本質就是一場「戰爭」，不是勝就是負，沒有半勝半負這種狀態，選擇出征最終目的就是為了贏得戰爭勝利，若沒有此心態，與其參加一場毫無勝算，任人宰割的戰鬥，不如在家養精蓄銳，休養生息，你說是嗎？

孫子謀攻篇中說：「知己知彼，百戰不殆，不知彼而知己，一勝一負；不知彼不知己，每戰必殆」，殆的意思指的是危險，全文的意思筆者就不再贅述（免得有騙取稿費之嫌……）。多數的考生其實只做到知己而不知彼的階段，而此階段的成績，最終的結果就是勝負各半，但不幸的是，筆者開宗明義說過國考的本質是場戰爭，而戰爭最終的結果不存在半勝半負的狀態，這也就是為什麼大多數考生於考完試後對於會不會上榜？心情總是忐忑不安，此心情正是「知己而不知彼」的最佳寫照。

探究此原因？就是考生們在出征前只充實了自己而忽略了「彼敵」，所謂「彼敵」是指何意呢？是的！彼敵指的就是出題的典試老師；你若能越精準的洞悉典試老師在想什麼？出什麼題目？敵人要在考卷上看到什麼文章？那麼你就越有機會贏得戰爭，反之沒有認清國考本質是場生與死的戰爭，亦沒有事先洞悉彼敵的企圖者，最終必然每戰必殆，若是真正的武林高手寧願選擇避戰以謀自保，日後再圖東山再起的契機。

2.1 出題老師在想什麼？就「務必」練習什麼

　　為何在此強調洞悉出題老師的企圖是如此重要？原因就在於「事半功倍」，不少考生在考試結束後感嘆：「唉……唸的都沒考，考出來的都沒念」。其實這種現象絕對不是偶然而是歷史的必然，反觀很多通過考試的地政士會謙虛的說：「運氣真好！考的剛好看到，沒唸的剛好沒考。」（你聽了很氣吧？）

　　或許「考運」確實是上榜與否原因之一，但仔細想想上榜的關鍵，考運絕對不是唯一，細心推敲成功的因素莫過於本章節開頭所說的「知己知彼」的重要性。

　　中國古拳法裡的王牌防守絕技，稱之為「金蛇纏沾手」，這種摧毀敵人攻擊能力的技術，要訣只有一個字，那就是——「鎖」（鎖住他，鎖住他，鎖住他……）——節錄於電影「破壞之王」台詞。

　　影片中周星馳（何金銀）使用此招術，在擂台上鎖住武功高強的大師兄，迫使大師兄哭著說：「……你不要這樣子，放開我好不好？」何金銀氣弱如絲的回答：「……你的心情我很了解，但是我不能放手呀……」；各位考生！你……就是何金銀，出題老師們就是跟你搶女朋友的大師兄，鎖住出題老師在想什麼？千萬別放手，一旦放手你就輸了！

　　綜合全章節所述，筆者歸納出以下三個區塊，大致上可洞悉出題老師在想什麼？1、最新修訂的法條，2、近來社會上吵得沸沸揚揚的議題，3、落彈機率高的區塊（請看前面「時事題與立委諸公的表決」章節），是的！各位看倌，你都已經知道命題老師的心思，我相信沒有美國時間的你，會放下手中傳統考古題，而將目光集中在上述三個大範圍當中；不幸的是！焦點集中還是不夠，唯有透過筆者獨創的「阿里不答關聯圖」及「莫名其妙口訣法」的輔助，再

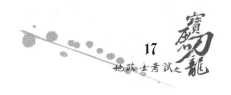

加上你不斷練習再練習，相信在考試結束之後，你也會說：「運氣真好！考的剛好看到，沒唸的剛好沒考」，但請謙虛一點，因為聽你說這句話的人（一定沒有看過這本武功秘笈）內心是很生氣的，切記！切記！

2.2 別讓老師不開心！

不要把生命看得太嚴肅，反正我們不會活著離開。——福特

前一陣子，知名綜藝節目主持人吳宗憲與知名作家馮光遠在電視上唇槍舌戰，很多的觀眾可以明白的看出，兩位「高人」彼此討論的議題其實已經不是重點，因為這是屬於兩個不同層次且有如平行線般的對話；一位是娛樂界的大哥，一位是搞文學創作的作家，兩者本質上就已經有所不同，所以看待事情的角度當然也會有所出入，並沒有誰對誰錯的問題。

綜藝天王之所以被稱為天王，是因為他有廣大的觀眾群支持，他所著重的重點在於如何娛樂社會大眾？如何讓收視率飆高？而非塑造自己成為後人景仰的偉大藝術大師，換句話說，哪裡有市場？哪裡有收視率？節目就怎麼製作。

是的，各位考生！當您在準備考試時，您要想的是如何讓分數飆高？如何吸引改考卷老師的目光？哪裡有分數，哪裡有收視率？就怎麼書寫你的答案卷；而不是在準備考試的過程中，選擇一些艱澀難懂的參考書，把自己當成法學專家或是一位受人尊敬的學究，千萬別關起門來日以繼夜不眠不休的苦讀，即便你的苦修已具有法學博士的資格，但在地政士考試的答案卷上，你的大作未必會獲得老師們的青睞，如此一來等於白忙一場，不是嗎？千萬別浪費生命

在與瘋狗纏鬥，因為你是一隻高傲地堅持走自己路的雄獅，你所需要的是分數，而不是藝術家創作出來的美感與榮耀，你需要的是市場導向的收視率，而觀眾就只有那幾位給你分數的老師。

在本書後面的章節你會看到「阿里不答關聯圖」整體的輪廓與關聯性，熟記關聯圖的目的就是為了「看圖說故事」，同時也是為了避免考生們答非所問；例如民法如果問「法律行為」，若考生們腦中想著關聯圖就不可能去回答「權利主體」，就算你再怎麼偏離主題的亂掰，至少你會圍繞著「法律變動」作答；可想而知，改考卷的老師給分時，對於寫到權利變動的考生，其分數當然會高於寫權利主體的考生。

「別讓老師改考卷時不開心！」，或讓老師想轉台或是關掉電視機（甚至砸壞電視機），寫他想看的就好！他不想看的不是不能寫，而是適可而止的「點到為止」，讓老師們知道你懂的不只是問題的核心而已，他更會覺得你是位貼心且體恤老師的乖小孩，欣慰的分數自然會多於滿肚苦水辛苦閱卷的分數。（考生們就委屈一點！一生就只有寫考卷時裝乖，值得啦！）。

試著用你的「黯然銷魂手」，料理出一碗碗連老師都怕再也吃不到的「黯然消魂飯」吧！，讓改考卷的老師們驚嘆地說：「吃了這碗飯讓人感動的流淚，怪不得叫『黯然消魂飯』，實在太黯然，太銷魂了，簡直太好了……哈哈哈哈哈！」。

第三章

4 科筆記「合併整理」才是王道

　　爭什麼！摻在一起做「瀨尿牛丸」呀，笨蛋！——節錄自周星馳電影《食神》台詞

　　從小我們所接受的教育可說是填鴨式的，這種方式並不適用於每個小朋友，尤其是天生具有極度反抗個性的毛小孩（筆者就是其中之一），隨著時代的演進，「教育」兩個字的意義也被重新定義，原來一個蘿蔔一個坑的標準答案是抹殺發明力與創造力的元兇，但不可否認的是：「這世界（宇宙）有其不變的規則與真理，充其量只是表現於外的型態有所不同而已」；是的！地政士考試亦是如此，不論典試委員如何變換考題，請大家相信，獲得同情分的答案何止千百種，但可拿到高分的答題方式卻只有一種，4 科專業科目的筆記「合併整理」能讓你寫申論題的功力大增進而順利上榜，而能讓你上榜的方式就是唯一的王道。

　　為何要「合併整理」？首先我們先來了解兩個東東：

　　1、谷歌的搜尋引擎

　　2、電腦的資料庫

　　相信大部分的考生都使用過google，用它搜尋你想找的資料；你是否曾經想過，為何當你輸入關鍵字按下enter後，電腦的頁面上會跑出一大堆與關鍵字有關的資訊，不管資訊對你而言有用或無用，他通通跑出來給你；原因就在於，在網路的另一端，谷歌有一個龐大的「資料庫」（龐大到你無法想像），所以不論你輸入什麼阿狗阿貓，它就回傳世界上所有阿狗阿貓給你；是的！我們在準備

這種申論題的考試，就是在整理一個相對於谷歌而言是極度微小的資料庫，當老師在題目上輸入阿狗阿貓時，考生們就從你的資料庫中吐出阿狗阿貓給他們。

聽起來十分容易，但不幸的是，如果這麼簡單谷歌能在世界上混的這麼有聲有色嗎？而且若考生跟老師們也只是一問一答，那跟問答題沒有兩樣，大部分的考生應該就會金榜題名才對，是吧？其實，我們要準備的不只是個儲存資料的空間（記憶體的擴充），而且我們要讓這個空間裡的資料，相互之間是會相互思考與學習的；用資訊系同學們的術語就叫資料的「關聯性」，問問懂資料庫的朋友，一說到資料庫就會想到關聯性（不信你試試！）

這樣你懂了吧！若四科分別分開處理，你只是做到資料的儲存（storage），若四科合併在一起，並設定好連結（relationship），這樣才會成為資料庫（database），如此，當老師輸入關鍵字按下enter時，他看到的頁面才會有全世界的阿狗阿貓，這也才是他希望見到的答案。考生們，透過此書的幫助，把自己的東西整理成一個「資料庫」吧！只有把你的腦子裡的資料變成具有連結性，變成會學習，會思考的資料庫，這才是應付申論題的王道呀！

懦夫救星武館館主除了白天開雜貨店，晚上當拳師之外；閒暇時間研究資訊科技也是我的娛樂之一，涉略如此廣泛者所傳授的「應考必殺技」，很難不讓人信服的！（……抖腳中！）

3.1 四塊肌肉練成「一塊肥肉」

若典試老師是位武功高強的武林高手（嚴格說應該是「武林至尊」），而你只是個平凡的販夫走卒，為了這場擂台賽，你要準備的不是擊倒高手（若擊得倒！早該輪你出題考他才對……），而是吸收高手出拳的力道，直到高手感到疲倦，迫使他放棄扳倒你的念

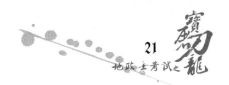

頭，這樣你才能安全走下擂台。

能在高手的重拳下全身而退的人就是勝利者，所以若現在的你還在努力鍛鍊肌肉，請趕快開始製造肥肉，因為4塊堅硬的肌肉再怎麼強壯，仍然無法抵擋武林至尊（典試老師們）出題的力道，真正能化解主考官出題衝擊力的，反而是柔軟的「肥肉」。

所以請放棄逐一鍛鍊各科的想法，將4科專業科目「合併」在一起，最終成為一團軟而渾厚的肥肉，如此一來不論你面對哪一科的試題，你才能吸收題目產生的力道，逐一化解武林至尊打在你身上的拳，因為你要對付的是至尊們所出的申論題，而不是泛泛之輩提問的是非題或選擇題；至於合併準備的方法與優點，以及如何使申論的功力大大提升的方法？留待筆者後面章節予以分解。

噹噹噹！（第三回合打完），何金銀抱頭痛哭，衝下擂台抓著阿麗的手說：「我沒有被打死！我沒有被打死！……阿麗……其實我……（被大師兄偷襲，一腳踹飛了）」──節錄自周星馳的「破壞之王」劇情

是的！各位考生，除了要使用前面一章傳授的「金蛇纏沾手」，鎖住武林至尊的四肢，使他無法出拳傷你之外，更要加上本章節所傳授的「肥肉抵擋術」，兩者混合使用；筆者相信，當最後一節考試的結束鐘聲響起，你會很慶幸的衝出考場，抓著阿麗的手說：「我沒有被打死……」（這時請小心大師兄偷襲的飛腿，切記！切記！）

3.2 苦行僧無法修成正果，參考書是用來「翻」的

懷疑與信仰，兩者都是必需的。懷疑能把昨天的信仰摧

毀，替明天的信仰開路。——羅曼・羅蘭

　　作者在準備考試期間，翻遍了大街小巷的書局，只要看到與地政士考試相關的書籍，隨手就拿起來「審閱把玩」！之所以說「把玩」？原因不外乎關於法規的參考書大致上都大同小異，仔細想想不難理解其中道理，為了使人民有所依從，法律必須有其安定性，除了立委諸公同意外，不容任意變更修改。所以坊間準備地政士考試的參考書琳瑯滿目，往往讓考生們無從選擇，但內容卻本同末異，相距甚微，這不能說作者們間的相互抄襲（如此有失厚道），而是法條原本就長一個樣，除立委們外誰也改變不了，差別只在整本參考書的結構及前後順序而已，所以考生們其實可忽略挑選參考書的煩惱，就如同作者一樣放下手中「把玩」的參考書，重新思考修成正果的法門。

　　死背法條有如印度的苦行僧，鍛鍊出來的是「忍耐力」和「離欲」，而考試結果也往往在考驗改考卷老師們的忍耐力。首先，請考生們放下死背法條的錯誤修行法，找一棵菩提樹，安靜的在其下冥想，宇宙中萬事萬物一定有其規則，規律，若地政士考的4科專業科目沒有其固定結構，那麼，出題的點老師，一定也是無所適從，不知該怎麼命題，是吧？

3.3 如何整理「4 合 1」的筆記

　　當秩序成了混亂的時候，就不得不用混亂來維持秩序。
——羅曼・羅蘭

　　聰明的你一定想到了沒錯就是結構、結構、結構……4科專業

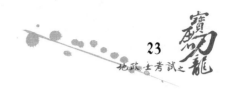

科目就好比人的生辰八字組成的四柱，亦像是新建樓房時，四根穩固的基礎一樣，人的命在出生時已經註定，樓房的好壞高低亦在樹立基礎時早已奠定，同樣的道理，地政士考試亦可視此四科專業科目的「結構」為上榜與否的關鍵。

依作者的經驗，此4科是有關聯性的，4科合在一起念事半功倍，若分開來一一處理，就事倍功半了，坊間補教業者分科教授並非不妥，唯考生於自習時需有一正確觀念，那就是你要對付的是申論題而不是問答題，若您的回答具有結構性，且確實的擊中老師們的下懷，每篇文章中多多少少引用了4科專業科目的法條，若您是改考卷的老師，我想你應該不需考驗自己的忍耐力而給予高分，是吧？

四科合併準備亦有一個好處，例如在準備「土登各論」時，其實你又一次的把民法物權跑了一次；在準備「土登總論」時，土地法地籍篇中相關議題也再來一次；相反的，在看民法物權編的地上權時，土登的「地上權登記」也跑過了一遍，看土地登記總論時，土地法中的地籍篇亦同；如此一來，無論考哪一科，只要是相關議題的申論題，考生方能言之有物也因此才會有獲得高分的希望，而且準備考試的精力絕對比別人省下很多，很多，很多！

再舉一個最經典的例子：

往年「土登」超級愛考「主張時效取得地上權（用益物權）登記」（包括怎麼登記，還有怎麼測量），請考生們注意！這題包括了下面部分：

1、民法總則裡權利變動之一的「時效制度」

2、民法物權的「地上權（用益物權）」

3、土登的用益物權登記（有公式）

4、地籍測量的主張時效取得規定

　　這時你的筆記該怎麼排列了呢？還記得（圖3）曾說過「民法」與「土法」是整個考試的「兩大支柱」（讓我想到可憐的柱柱姐，哈！離題了，回來……），凡事就用二分法，不是0就是1；這種物權的登記一定跟民法有關，而且是與民法物權編有關，「更而且」和民法的用益物權有關，因為不動產的用益物權包括地上權、農育權、不動產役權與典權；所以（重點來了！），主張時效取得地上權的筆記（活頁紙），請放在「民法」，「不動產用益物權」（地上、農育、不動役）後面，而不要只放在民法總則的「時效制度」後面，更不要單獨分開在形影孤單的土地登記筆記裏（記得！西瓜要偎大邊），頂多在你活頁紙開頭註明一下「時效取得」四個字（提醒自己要看時效制度，幫助增加申論內容），同時在民法總則的「時效制度」後面註明「時效取得用益物權」8個字，提醒自己時效制度不會這麼簡單地單獨出題（老師一定會跟別的議題混在一起做成「瀨尿牛丸」的！）。

　　而筆者相信run到最後，你會把民法總則的「時效制度」抽出來，擺在民法物權的所有權後面，用益物權前面（筆者就是這樣），最終筆記順序變成，民法（紅色）物權/所有權/時效制度的時效取得/用益物權（地上、農育、不動役）/土登（藍色）主張時效取得用益物權登記/土登的怎麼測繪。

　　當你只是單純地練習寫土登的「主張時效取得登記」時不僅會發現，你其實一直在複習民法地上權、農育權、不動產役權（反之亦然），並且當你個別寫：一題主張時效取得地上權，一題主張時效取得農育權，一題主張時效取得不動產役權後，您就會恍然大悟，原來你寫的三題文章裡面，99%的內容是相同的，此時聰明的你一定會想到「製造公式」，而公式名字就叫——「主張時效取得用益物權公式」；在這議題裡面關於「測量」的部分也一直重複，並且完全可融入你精心調配出的公式裡，而這公式永遠都被排列在民法用益物權的後面，而不會單獨出現在你形影孤單的「土地登記

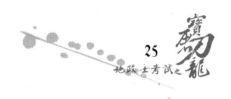

筆記」裡面。

你會驚覺！這種案例在準備考試過程中「層出不窮」，每遇到一次你就該高興一次，每遇到一次你就要再次想起師父的諄諄教誨；因為你不只是打通了雪山隧道，而且在你申論題作答裡，會寫出蘭陽平原有多美，而不會只寫到貢寮的海岸，或是9彎18拐的曲折，甚至只寫暗無天日正在施工中的隧道；有趣的是，往往老師出的題目總是這樣——「請描述蘭陽平原有多麼美麗？」

回到「四塊肌肉練成一塊肥肉」吧！經過不斷的「融合、融合、再融合」、「精簡、精簡、再精簡」的過程，最後產生「公式、公式、公式」，請問，最後您在考場上只剩下什麼？（廢話！當然就是「猛寫」）；知道題目在問什麼後，你就會像滿彈夾的連發自動步槍在考卷上屁個沒完了；用此方法，你的筆記與練習會慢慢「增肥」，最終沒有了所謂「土登筆記」，沒有了「土稅筆記」，因為他們已被你融化成油膏，與民法及土法融合成一團肥肉，準備抵擋（吸收）武林至尊們出拳的力道了。（各位！可以上擂台挨拳了）

建議考生們在整理筆記時，使用四種不同顏色的「標籤」，如民法用紅色，土地法用綠色，土地登記用藍色，土地稅用黃色；在標籤上標明「主題」並貼於筆記頁面側邊；最好使用26孔活頁紙（大小剛好，攜帶性佳）或考試專用規格的練習紙，不斷練習書寫，如此不僅方便更換，且按照主題（不按科目）交錯放置，此種活頁紙放置的效果，可大大增加你寫申論題的功力。而考試當天，你會發現其他什麼書都不用帶，但用「肥肉抵擋術」練成的「筆記」是你在擂台上唯一的護身符。（帶著他就夠了！）

為了節省你摸索最有效率的筆記排列方式，作者在本書的第二篇「魔鬼筋肉人之地獄式死亡特訓」中已經幫您完成，希望對您有極大的幫助。本書就4科專業科目中最主要的關聯，以圖形方式說

明於〈16篇專業文章，哪裡是出題天堂？〉一章後面的「地政士考試最主要範圍圖」，至於樹狀圖中未標示的議題，並非不重要，而是留在後面章節再予以一一分解說明。

第四章

食神歸位──寫申論題要會勾芡

多數有志報考地政士的考生，對於專業科目（民法、土法、土稅、土登）不僅感到陌生甚至恐懼，即便是相關科系畢業或是在校同學，對於申論題出題方向及得分技巧亦有高深莫測之無力感。歸根究柢，原因在於考試範圍可謂天蒼蒼野茫茫，若準備考試的方法或寫申論題技巧不對，那麼應考時在您的試卷上，就真的會有風吹草低見牛羊的淒涼了。

相信考生們一定都吃過肉羹麵（若你是剛上岸的台灣人，那就另當別論了）， 之所以叫肉羹麵，除了碗裡有麵有肉之外當然還有「羹湯」（廢話！），當你用筷子夾起碗裡的麵條時，因為勾芡的緣故，往往碗裡的湯汁甚至肉羹也一併被夾帶上來，而寫申論題不也是這樣？若題目問你「行為能力」你就「完全無限制」，若問你「意思表示」你就「對話非對話不自由不一致」……別急！看不懂是正常的，留待後面的「莫名其妙口訣」一章再詳細說明。

回到肉羹麵，一位好的廚師永遠知道如何調理出美味可口的肉羹湯，在煮出美味的肉羹湯之前，廚師們勢必經歷過不少失敗與挫折，在不斷的學習、實驗、練習、品嚐……等經驗裡，好的廚師會歸納出一碗肉羹麵裡面要配置是多少的水、太白粉、調味料、食材、火侯控制的時間等經驗，才能煮出一碗酸甜苦辣適中且可口美味的肉羹麵，進而成就出一手好的廚藝。

現代人分為兩種，一種是煮一手好菜的人另一種是煮「一口好菜」的人（筆者屬於後者）； 地政士的考題尤其是必須寫申論題的部分，就有如烹飪老師在考驗各位煮肉羹麵的功力，只是看過，背誦過食譜就僅是如同煮了一口好菜而已，唯有親自下廚不斷練習才

是順利通過烹飪老師測驗的方法（請看「要寫出好文章就只有一個字——練」）。

肉羹麵的精髓在於勾芡，同樣道理寫申論題的絕技也是「勾芡」，應付問答題就好比把食材切片，切丁，調配醬料，整理完後將所有材料擺在流理台上，讓主考官們檢查如此而已；而開啟瓦斯爐熱鍋，倒入沙拉油，將食材依序倒入鍋中，加入調味料拌炒，控制火侯……最後盛盤端上餐桌成為一道色香味俱全的菜餚供老師們評比，這就是申論題的真正意涵。（沒騙你！筆者真的是煮「一口好菜」的人。）

筆者從小就不是個愛唸書的小孩（請看引言），但卻有著善於觀察，分析，結構整理……最後提出良好對策的天賦異稟，各位考生試想，若寫申論題的方式與問答題一樣，那麼大家的分數應該相距甚少，而考生們只要猛背考古題（背食譜）必然會上榜，可惜的是！事實並非如此，原因為何？其中必有蹊蹺，答案就在於烹飪技巧中的「勾芡」，誰越會勾芡（關聯）誰分數越高，反之，若湯頭清淡如水分數自然低了；本書最主要的價值在於已經幫你勾好芡了（請看阿里不答關聯圖），照著這張食譜，你需要做的就只是1、熟記關聯圖，2、套用公式，3、引用（當然要背）關鍵的法條，最後在考場上「看圖說故事」就對了。

4.1 別懷疑就是「大做文章」

如果你的心靈很年青，你常常會保持許多夢想。在濃重的烏雲裏，你依然會抓住金黃色的陽光。——斯沃倫

坊間補教業者及書店中的書籍有太多教你如何撰寫申論題的方法與技巧，若你沒有時間參加補習班，甚至連逛書局的時間都沒

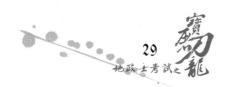

有，打開你的電腦、手機，用Google搜尋一下，網路上教你的技巧也是琳瑯滿目，筆者在此就不再贅言。其實，筆者認為撰寫申論題的方式早在民國初年「新生活運動」中已經闡述，那就是「整齊，清潔，簡單，樸素，迅速，確實」。

寫到這裡作者還真是詞窮了，因為到底怎樣才叫做一篇好文章，我實在無法言語形容，畢竟我不是國學大師也不是法學專家；跟你一樣，筆者只是個普通的應考生；好佳在，國小老師有教過我們，一篇文章最基本要有起、承、轉、合……仔細想想其實這樣好像就已經夠了，因為你考試的目的是為了拿分數，（別幻想你的大作有朝一日會被放在國家博物館裡供後人景仰），所以我們只要做到新生活運動中的「整齊，清潔，簡單，樸素，迅速，確實」就可以了，至於那些八股文式的叮嚀，（如：標點符號怎麼標，左右空幾個格……）筆者認為倒不是重點，因為那不會讓你的成績多幾分（雖然國考每一分都很重要）。

我們應該把所有的精力擺在怎樣把小事瞎掰得天花亂墜？如何把心中的圖像用文字充分的表達出來？相信各位朋友都唸過小學吧！還記得小時候的「看圖說故事」嗎？我們大人不會認為小孩瞎掰是在吹牛，反而覺得童言童語超級「卡哇依」，因為從小朋友的口中我們可以看的他腦海裡的畫面是如何的天真可愛；同理，我們如何讓改考卷的老師看到我們腦海裡的畫面是如此的值得給予高分？這是我們要思考的方向；現在，請大家回歸孩提時代，放下「吹牛，瞎掰」是不好的想法，為了寫出好的文章我們要反其道而行，黑的說成白的，白的說成黑的，小事說成大事，大事說成更大的事（考完後，麻煩你恢復正常就好！）。

這樣練習的目的只是為了訓練考生們的想像力、組織力、創造力與關聯能力，這絕對是一篇文章最重要，也是最精華之所在；幸運的是，整理與組織這種繁瑣的工作，筆者已經為各位考生完

成了，對於申論文章在議題上的「關聯性」，只要透過熟悉的關聯圖像，不斷提筆練習（或是在腦海裡練習），自然而然你就會知道如何「瞎掰」出一套故事，寫出一篇好的文章了，不斷書寫的過程中，相信你也會注意答題頁面的整潔，標點符號的清晰……當你每寫完一篇文章後，若自己看著頁面感覺到心曠神怡的話，那麼改考卷的老師必然也有跟你一樣的看法；反之，若連自己都看不下去（就好比煮的菜自己都無法吞嚥），麻煩你再重新拿一張紙，照著「阿里不答關聯圖」看圖說故事，不斷練習再練習，直到你自己看得下去為止。

考生們若晚上讀書讀累了，自己煮碗「肉羹麵」吃吧！什麼？你沒時間？沒這閒功夫？那就對了，筆者只是想透過前後這兩章節告訴你，申論題的精髓就是兩個，1.大做文章的瞎掰，2.像肉羹麵一樣勾芡，因為準備考試的時間緊迫，相信你沒有美國時間慢慢挑食材並照著食譜一步步的烹飪了；筆者建議您在讀累了的夜晚，煮碗泡麵填填肚子吧？這碗泡麵的調味料已經過筆者精心調製，只要照著包裝上的說明，依步驟用滾燙開水將麵沖泡三分鐘即可食用；沒錯！簡單，快速，有效的幫助你金榜題名就是作者寫此書的最終目的。

考生們！當你進入考場應考時，請你相信食神與你同在；當應考鐘聲響起，試題發下來的那一刻，請不要忘了雙手合十，告訴自己：「食神歸位！……」（小聲點，免得遭人翻白眼）

4.2 國文作文？永遠不是大師兄的對手

人要有三個頭腦，天生的一個頭腦，從書中得來的一個頭腦，從生活中得來的一個頭腦。——蒙田

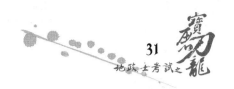

「阿銀，拳腳方面，你再怎麼練也不是大師兄的對手，所以這次我要教你中國古拳法裡的最高境界──心理戰術，在這個月裡面我們天天吃喝玩樂，玩得越高興，大師兄就越懷疑……」（節錄自電影「破壞之王」台詞）

在進入說明「國文」這惱人的科目之前，筆者想到周星馳（星爺）的電影──「破壞之王」劇中有一幕，「魔鬼筋肉人的地獄式死亡特訓」；為了與大師兄比武，周星馳與達叔整日以吃火鍋、把妹、唱KTV當作是所謂的「特訓」，這讓筆者突發奇想，有什麼方式可以用吃火鍋、把妹、唱KTV而增加作文的分數？是的！那就是唱「流行歌曲」。

地政士考試中有一科目尾大不掉，讓考生們覺得花時間準備也不是，不花時間準備也不是，那就是國文。有人說地政士考試的分數每一分都很重要，作者完全贊同這樣的觀點；問題是如何爭取到每一分？有沒有什麼樣的方法是最省時，省力的呢？聽了太多有關於國文作文不需要準備的說法，甚至聽天由命，直接放棄國文這科，把時間完全擺在專業科目上。這說法似乎正確，但事實真的是如此嗎？坊間與網路也很多如何教你增進作文能力的方法，但只能說「遠水救不了近火」。

筆者仔細研究分析後，整理出以下觀點，並且提供最省時、省力、有效的方法，即便你會用的成語不多，你也不需花時間背一堆得不到分數的句子，而且大家不用上課、不用學習，人人與生具備，只是我們忽略了這寶貴的天賦而已，拿來用！別糟蹋了！相信這方法可在最短時間內大大提升你的作文分數。

國文這科的分數佔總平均的10%，也就是說過國文考50分，總平均就增加5分，若考70分總平均就增加7分，來回差了2分，而這兩分很有可能就是你上榜的關鍵。我們再仔細看看國文這科所考的內容為何？每年會出20題的選擇題，每題選擇題2分，共計40分，另外

再考作文一篇，作文的分數為60分（西瓜偎大邊，看樣子作文是重點），筆者就以選擇題與作文兩個部分加以說明。

有人說文學造詣是可以後天培養，但是不要忽略了先天的限制，畢竟每個人自出生後具有什麼樣的天賦就已經註定了，而中國文學如此博大精深，國文造詣絕非短時間內可以培養的起來；拜國民義務教育之所賜，人人對於基本的文章還是可以看得懂的，只差那些艱澀難懂，日常生活不常用到的詞句就需要高人指點了；因為測驗題部分考的是選擇題，透過題目的前後關係，考生們仍然可以猜出正確答案，若前思後想後仍然無法確定答案，作者建議考生們就選擇自己的幸運號碼吧！（電腦卡上20題不要空白就好！）。所以國文選擇題的部份完全不需要準備的說法是對的，因為準備也是枉然，與其浪費時間，不如把那些時間拿來聽聽「流行歌曲」來得有用。

至於「作文」不僅要準備，而且天天都要「吃喝玩樂」的準備；考生們試想，如果你平常的作文程度只有25分（滿分60分），經過筆者這個「特訓」（天天吃火鍋、把妹、唱KTV），很有可能從25分變成45分，來回差20分，總平均就多了2分，你還認為作文不需要準備嗎？（國文系的同學就另當別論了）

各位考生，相信你曾被某首歌曲感動過，你細心的推敲歌詞，其實那些美麗的詞藻，就是你寫作文的素材，透過優美的旋律，你完全可以默寫出歌詞，不是嗎？首先你要挑選3~5首流行歌曲（多一點也是好事），歌曲當然是要你喜歡的，而且裡面的詞句是優美的，富有文學意境的，有勵志性，具光明性，有希望的；由於你要考的是地政士，往年作文題目都會與「土地」相關，所以也盡量找歌頌土地，環保，大自然有關的歌曲；若你是基督徒，就請您用聖經詩篇中，神優美且充滿能量的話語；總之，多使用越優美，越好記，越朗朗上口的詞句，作文分數就越高。（找淒涼的哭調子來寫作的同學，分數就會淒涼喔！）

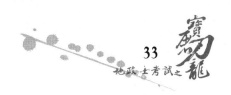

　　在往後這幾天直到考試為止，在你讀書讀累了休息的時候，口中吃著泡麵也別忘了順口哼唱幾首歌（把他變成一種習慣吧！）；作文可用1首歌為核心，每首歌又剛好有起，承，轉，合4個符合作文的基本要素，一篇作文能用2~4首歌詞前後穿插使用，或許你會問：「啊！歌詞又不一定符合作文題目？」；是的！這時就請你發揮「瞎掰」的功力，就算硬塞也把他塞進文章裡。

　　千萬別只寫歌詞不寫別的，文章每一段內容當然也要加入一些詩、詞、成語之類的東西；也別把一首歌詞一次用盡，而是要將整首歌拆開來，歌詞「配置」在整篇作文中，每段文章以拆開的歌詞為核心，圍繞著他轉（瞎掰）。

　　舉例1：

蔡淳佳的「陪我看日出」

雨的氣息是回家的小路

——文章的「起」，後面你就「掰」些句子

路上有我追著你的腳步

——詞中的「你」請考生比喻成土地，故鄉

舊相片保存著昨天的溫度

你抱著我就像溫暖的大樹

——設法掰成土地環繞著我們（夠瞎）

哭過的眼看歲月更清楚

——文章的「承」，開始寫點負面的東西

想一個人閃著淚光是一種幸福

——詞中的「人」，比喻成土地、故鄉

又回到我離開家的下午

——「家」比喻成故鄉

你送著我滿天葉子都在飛舞

——意境極佳，夠美

雨下了走好路

——文章的「轉」，前後要「掰」些下雨了的意境

這句話我記住

風再大吹不走囑咐

——這裡有「勵志」的素材

雨過了就有路

像那年看日出

——這裡有「希望，光明」的素材

你牽著我穿過了霧

教我看希望就在黑夜的盡處

——這裡就有「光明」

雖然一個人

——文章的「合」

我並不孤獨

在心中你陪我看每一個日出

——詞中的「你」比喻成土地，故鄉

舉例2：

張惠妹的「小小的夢想」

藍天是白雲最美的故鄉

——「起」，瞎掰孩子的成長過程如何如何

大地是小草成長的地方

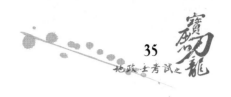

海洋是河流安歇的暖房

──這些句子用在土地議題，超讚

夢想是未來幸福天堂

耶和華是我們的力量

──「承」，耶和華就改成神

同心來為主傳揚來發光

小小的夢想能成就大事

──「轉」，有希望，有陽光

只要仰望天父的力量

小小的夢想能改變世界

帶來明天的盼望

前面的道路全然交給祂

──「合」

祂必同在使我們剛強

──正向結尾

舉例3：

張韶涵的「隱形的翅膀」

每一次都在徘徊孤單中堅強

──「起」，瞎掰成長過程如何

每一次就算很受傷也不閃淚光

我知道我一直有雙隱形的翅膀

帶我飛飛過絕望

──誰帶我飛？土地、故鄉、希望、真理、神皆可

不去想他們擁有美麗的太陽

——「承」

我看見每天的夕陽也會有變化

——嗯，有意境！

我知道我一直有雙隱形的翅膀

帶我飛給我希望

我終於看到所有夢想都開花

——「轉」

追逐的年輕歌聲多嘹亮

我終於翱翔用心凝望不害怕

哪裡會有風就飛多遠吧

——這裡又有「希望，光明」的素材

隱形的翅膀　讓夢恆久比天長

——「合」，收尾的時候掰「正向」點

留一個願望讓自己　想像

舉例4：

好歌實在太多了：周杰倫的稻香、菊花台、青花瓷，還有校園民歌時代很多描繪意境，激勵人心的歌曲；總之趕快google一下，別讓筆者有騙稿費之嫌……

作文這麼簡單就可拿高分的方法，你如果還不懂，我……我……我就唱我的KTV去！老師有說都沒在聽，丟筆！

第二篇 魔鬼筋肉人之「地獄式死亡特訓」

做學問要在不疑處有疑，做人要在有疑處不疑。——胡適

身為「懦夫救星武道館」館主的我，在寫此篇之前，心裡的小啾啾一直在衡量著到底該如何架構此篇章？是該像一般坊間參考書一樣，抓抓考古題然後灌灌法條就好呢？還是有其他更好的方法？

「懦夫救星武館」為何開在雜貨店後面呢？因為開雜貨店只是館主的興趣，館主真正的職業是「教拳」。還是再次強調：「我這人比較低調，最討厭別人沽名釣譽了……」（我跟李小龍根本是兩兄弟，難道我要告訴別人嗎？）。所以館主為了證明自己不只是李小龍的兄弟，而且跟成龍喝茶也只是家常便飯的事……（抖腳中），所以決定放棄傳統的編排教科書的方式，而仍採取「架構」為此篇章的核心，畢竟在本書裡拉一大堆法條進來，對各位考生而言，不僅毫無幫助，而且會害了考生失去「手寫」的機會；同時再加上館主生性善良，凡事總是銘記渡人的初衷而不敢殆忘，若在書裡灌一大堆法條騙取稿費，實在無法逃避良心的譴責。（雙手合什！）

換句話說，這篇「死亡特訓」主要的目的不是在讓你抱著此本書背呀背！（很瞎），而是要你在道館中模仿館主的武術動作……（抖腳！），回到家之後就請你捲起袖子，開始提筆整理與練習；至於法條，筆者原則上就以數字（條號）點到即止，例外則會加入博版面騙稿費的全部條文；若你再懶到不去翻法典，並且親手自「背」一下，「寫」一下，整理一下？那就……放下吧！施主，萬物皆空呀！

接下來你會看到幾個章節（主題）一開始都有一張圖，越後面的主題圖會越細膩，因為他是源自於前面章節的圖不斷接軌所累積起來的結果，最終產生全部的「阿里不答關聯圖」；而每張圖裡多少會有（破題），其目的是要幫助考生們看到什麼題目，不管三七二十一，先把破題寫上去再說；若題

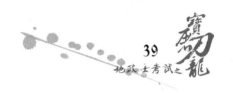

目要問的層級越細，那麼透過刻印在你腦海裏的關聯圖，你的申論文章就可以「看圖說故事」般，從最上層一路「滑」下去。（滑手機都這麼行了！滑個圖不算什麼……）

舉個例子：

若題目問誰是「合法的繼承人」？你透過圖型就知道申論的順序為：繼承破題→人→親屬→（血親，姻親，還是配偶）→積極要件。

若題目在問「繼承回復請求權」？來……跟著師父再「滑」一次：繼承破題→人→親屬→（血親，姻親，或配偶）→消極要件（繼承權的喪失）→繼承回復請求權。

每幾個主題畫在一張圖的目的，是筆者建議您的筆記最好是依照這些圖的順序排列，因為圖形告訴你這個主題是怎麼來的，其「前因與後果」是什麼？換句話說你的筆記與練習也會有「前因後果」的關聯，進而在考試時你腦中的「前因後果」就會反映在考卷上，而成績單上的分數也是這些「前因後果」的呈現。

初期準備考試的你，沒有什麼比記得圖形的位置來的重要，圖不僅是你寫申論題的骨幹（沒有骨幹的文章分數就不會高；有了骨頭後，接下來就是填肉），而且也是你蒐集各種題目後，練習作答的依據。每張圖後面就是筆者整理出的文章重點，在文章內容中，筆者發明不少很瞎的「口訣」（有圖案有故事性的口訣），也僅是供您參考之用，若你有更好的口訣，當然就加在自己筆記裏；因為依照經驗，利用口訣寫這種考試的文章，會讓你的底氣十足，不會在考場上越寫越心虛，越符合自己的口訣當然越好。

總之，魔鬼筋肉人的死亡特訓，其精髓就是依照以下順

序，完成一篇篇足以拿到分數的文章，而不是用二二六六的架構，請求老師們的同情分數。

1、骨幹（阿里不答關聯圖）。

2、蒐集各種題目依照關聯圖練習寫作。

3、每根骨頭的口訣（莫名奇妙口訣）。

4、最後才是「法條」的雕琢（拜託！這就靠你自己了）。

請注意！這只是供您參考的方法，您對於認同的內容，筆者歡迎大膽的使用，但還是強烈建議您自己親手練習與整理，畢竟腦中有圖，心中有口訣，筆下有法條，成績單上才會有分數。

第五章

別浪費時間了！ 繼承跟親屬一起唸吧！

　　時間最不偏私，給任何人都是二十四小時；時間也是偏私，給任何人都不是二十四小時。——赫胥黎

　　請問館主？為何要從繼承開始，而不是從總則開始呢？各位考生！在本書的圖2的「練功時的氣場循環圖」中很重要的一點就是：「只注意會考的，別管不會考的」，考生們請舉一反三的想一下，如果有什麼題目是每年考試一定會考的？那我們就優先處理一定會考的，之後再處理可能會考的，覺得完全不會考就別浪費時間了！往年民法這個科目出四題申論題（一題25分）中，繼承這部分是一定會出一題，所以我們先搞定這部分吧！把看書的時間做這樣的安排，是不是可以讓考生們心頭上吃了一劑定心丸呢？說到繼承，考生們需要很敏銳的馬上反應出兩個方向，這也是民法繼承編主要在探討兩部份，那就是1、什麼人繼承，2、繼承什麼東西。

　　什麼人繼承？這部分跟親屬編（自然人的身份）有關係，而往年考題常把親屬的概念灌在題目裡一起考，若遇到繼承題目裡參雜著親屬概念的題目，麻煩考生把思維「轉進」到民法親屬編的區塊（請看圖5）。別嫌麻煩！這已經是你準備考試最快的方法了。但親屬編在民法裡所佔的篇幅不小呀！各位！別怕，經館主仔細分析過後發現，原則上親屬編只會在血親、姻親、婚約、父母子女、（頂多再來個夫妻財產）這幾個部分打轉，至於親屬編其他的部分，師父就幫你畫叉叉吧！別浪費時間了，你可以大膽的放掉！（若考出來！我「懦夫救星」武館就倒過來寫吧！……「星救夫懦」武館其

實也不錯聽吼！）。

　　繼承什麼東西？這部分探討的就是繼承的標的物，更直白的說就是「遺產」；考生們遇到這部分的考題，一定要先記住兩個概念，那就是1.只繼承「物」的部分，至於身分就不在繼承的範圍內了； 2.「概括繼承，有限責任」，不論繼承的是權利或者是義務，自繼承開始時通通承受，但繼承人只在有限的範圍內負償還之義務，這樣是不是感覺又簡單又清楚了呢？

只要考繼承就先
把這段寫上去

繼承破題：謂繼承者，自然人死亡時，就被繼承人之財產上一切權利義務，由其配偶或一定親屬關係之人承繼而言。僅限財產上繼承，身分不繼承。
1147：繼承自被繼承人死亡開始。
1154：繼承人對被繼承人之權利義務不因繼承而消滅。

繼承什麼東東?　　　　　　　　　　什麼人繼承?

概括繼承：1148、1148-1
1172、1173
有限責任：1148II、1153
遺產酌給：1149
繼承費用支出：1150

只要考繼承
物的部分，這
段一定要寫

親屬篇重要部分
看圖 5.1

繼承權的
積極要件

1.繼承權
的消極要
件
2.喪失繼
承權之效
力

拋棄繼承
方法與效
力?

無人承認
之繼承?

限定責任
利益喪失
及例外
1162-1
1162
1163
(限定責任
與債權人
關係)

共同繼承
1151
1152
1153

代位繼承
1140

繼承回復
請求權
1146
(2、10 年消
滅)

逾期未辦
理繼承登
記之處理?
土 73-1

遺產分割

應繼分

繼承登記

看圖說故事
叔大抖！
(start)

（圖 5）

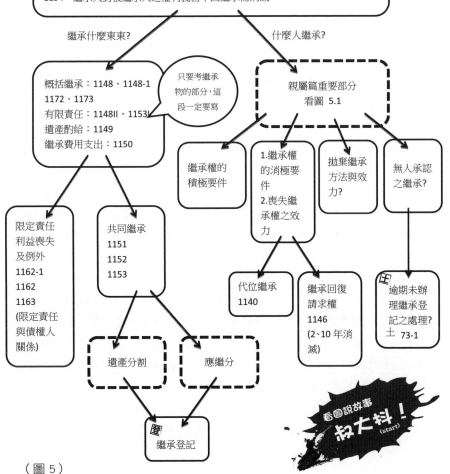

　　各位考生！在考試時你只要要看到繼承的題目，為了爭取時間，不管三七二十一就把繼承的破題給他「塗」上去（不用懷疑！）；一邊寫破題的段落，一邊再偷瞄題目在問什麼？當你看懂題目時，繼承的第一段就已經完成了，這叫做「強迫取分戰術」，老師看了不先給你個3分實在說不過去。

　　每個議題都可以依照此方法，先準備好一段「破題」；筆者已經幫考生們準備在關聯圖上或後面筆記裡供考生們參考。強烈建議考生對每個議題，自己整理一段自認為可以拿到分數的破題段，（不要太長也不要太短，要注意書寫的時間），並且親自不斷手寫練習，多寫幾次自然而然就能「背起來」了，這對你考試時會有很大幫助。這個方法其實不只應付考試，在筆者地政士生涯當中，也常遇到客戶提出很多議題，而筆者已經習慣性的反射出這些議題：「繼承是吧？……謂繼承者，自然人死亡時，就被繼承人之財產上一切……配偶，一定親屬關係之人……1147，1154」。

　　還是那句話：「腦中有圖，心中有口訣，筆下下有法條，成績單上才會有分數」；從這篇章開始，你會看到在很多在「阿里不答的關聯圖」中，不純粹只是民法的議題，其中參雜著其他科目的考試範圍；筆者認為要寫出好的文章，就必須把相關的議題集中在一起，進而加以分析；例如在（圖5）當中，流程到「共同繼承」之後就會接到「遺產分割」和「應繼分」；另外土登的「繼承登記」也緊接其後，如此讀者才能很順暢的理解到在辦理繼承登記時民法的相關規定，並且讓準備考試的考生們省時省力；另外在（圖5）中「無人承認繼承」後面緊接著土地法的「逾期未辦理繼承登記之處理」，也是同樣的道理。

　　筆者堅信！為了能考驗出眾多考生的程度，出題老師會把各種材料摻在一起，做成「瀨尿牛丸」供各位考生享用的！

5.1 什麼人繼承？（含親屬編重要部分）

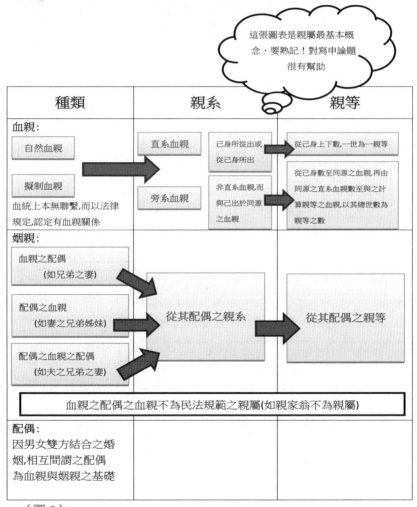

這張圖表是親屬最基本概念，要熟記！對寫申論題很有幫助

（圖6）

親屬的種類，親系及親等，是繼承題目考試的重要部分，考生們一定要熟記，因為回歸到本章開宗明義強調的，繼承編所探討的第一個部分就是什麼「人」繼承。

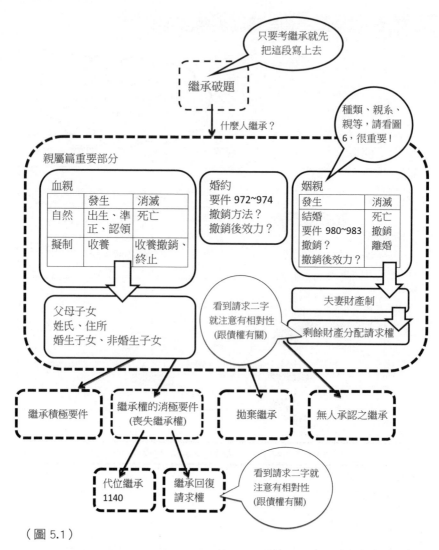

（圖 5.1）

　　接下來筆者把親屬編中與繼承相關重要概念先放進來，因為往年繼承的題目會參雜親屬部分一起考，但是會參雜多少？參雜的深淺？說實在的沒有人可以具體掌握，畢竟出題老師們都是武林至

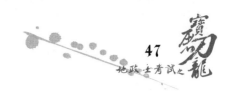

尊，只要出題範圍是在民法的範圍內，考生們也只能硬著頭皮答題了；但無論如何請考生一定要抓著（圖5.1）及（圖6）的架構，如此才能應付老師的「瀨尿牛丸」！若考生想更快速向前推進，此篇後面的整理就當作自己在整理筆記時參考即可，直接趕路地往繼承權的積極要件看下去吧！

血親

　　血親的部分，考生除了要對圖6的親系、親等要熟悉外，考題主要圍繞在血親的發生原因（包括準正與認領的相關議題），血親的消滅原因，收養的效力以及收養撤銷與消滅時的效力這幾個部分，考生不可不慎！

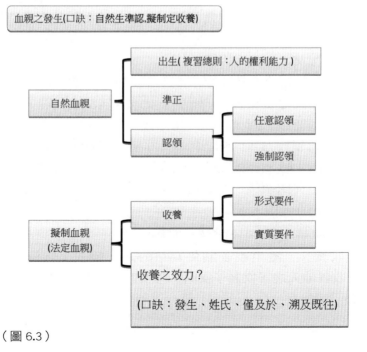

（圖 6.3）

Q、血親之發生？（口訣：自然生準認，擬制定收養）

答：

1、「自然」血親

  a·出「生」：民6，人之權利能力，始於出生，終於死亡。

  b·「準」正：1064，非婚生子女，其生父與生母結婚者，視為婚生子女。注意！生父生母須與非婚生子女有真實之血緣關係。準正效力為何呢？即準正後非子女與婚生子女同等效力，溯及出生時發生效力，但第三人已取得之權利，不因此受影響。

  c·「認」領：認領為生父之單獨行為，須本人為之，他人不得代理，分為任意認領與強制認領。

    ·任意認領：1065，非婚生經生父認領者視為婚生子女，經生父撫育者，視為認領；非婚生子女與其生母關係，視為婚生子女，無須認領。1066，非婚生子女或其生母，對生父之認領得否認之。

    ·強制認領（認領之請求）：1067，有事實定認其為非婚生子女之生父者，非婚生子女或其他法定代理人得向生父提認領之訴。於生父死亡後，得向生父之繼承人為之。認領效力為何呢？1069，非婚生子女認領之效力，溯及出生時，但第三人已取得之權利，不因此受影響。1070，生父認領後，不得撤銷其認領，但有事實定認非生父者不在此限。

2、「擬制」血親（又稱法定血親）

「收養」：發生親子關係為目的之「要式」之法律行為。1072，收養他人之子女為子女時，其收養者為養父或養母，被收養者為養子或養女。

a‧形式要件：

　‧1079，收養應以書面為之（違反無效）……。

　‧1079，……並向法院聲請認可（違反無效）。收養有無
　　效、得撤銷之原因或違反其他法律規定者，法院應不予
　　認可。

　‧未成年被收養認可時，應依養子女最佳利益為之。

　‧1079-2，有下列各款情形之一，法院應不予收養認可：
　　意圖以收養免除法定義務
　　依其情形，足認收養於其本生父母不利
　　其他重大事由，足認違反收養目的

b‧實質要件

　‧年齡限制（違反無效）：收養者應＞被收養者20以上。但
　　夫妻共同收養時，夫妻一方於被收養者＞20以上，而他
　　方僅長於被收養者16以上。（夫妻一方收養他方子女應
　　＞被收養者16歲以上）

　‧下列親屬不得收養為養子女（違反無效）：
　　直系血親、直系姻親（夫妻方收養他方子女不在限）
　　旁系血親在「6等親」以內
　　旁系姻親在「5等親」以內，輩分不相當者

　‧收養應與配偶「共同」為之。但下列得「單獨」為之（違
　　反得撤銷）：
　　（1）夫妻一方收養他方子女
　　（2）夫妻一方不能意思表示或生死不明逾3年

　‧一人不得同時為二人之養子女（違反無效）

　‧夫妻之一方被收養時，應得他方之同意（違反得撤銷）。
　　但他方不能為意思表示或生死不明已逾三年者，不在此
　　限。

　‧應經本生父母同意（違反無效），但下列不在此限：

（1）父母一方或雙方不能為意思表示

（2）父母一方或雙方未盡保護教養或其他顯然不利子女之情事。

・未成年人應經法定代理人同意（違反得撤銷）。

Q、收養發生後的效力？（口訣：發生，姓氏，僅及於，朔及既往）

答：

1、「發生」親屬關係：與本生父母間權利義務於收養存續關係中停止，但夫妻一方收養他方子女，不在此限。收養者收養子女後與養子女之生父、生母結婚，養子女回復與其生父母親屬權利義務

2、養子女之「姓氏」：夫妻共同收養子女時，於收養登記前，應以書面約定養子女從養父或養母或維持原來之姓。

3、養子女於收養認可前已有直系親屬者，收養效力「僅及於」其未成年且未結婚之直系親屬。

4、收養自法院認可裁定確定時，「溯及」收養契約成立時發生效力。但第三人已取得權利不受影響。

Q、血親之消滅？（口訣：自然除死亡，擬制定撤終）

答：

（僅死者與親屬關係消滅，其他親屬不受影響）

1、「自然」血親：「除死亡」，不因其他原因而消滅。

2、「擬制」血親（法定血親）：

　a・收養「撤」銷：

　　・1079-5，收養子女，違反收養應與配偶共同為之規定（1074），收養者之配偶得請求法院撤銷之。但自知悉其事實之日起，已逾六個月，或自法院認可之日起已逾一年

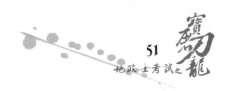

者，不得請求撤銷。

- 違反被收養應經配偶同意者，被收養者配偶或法代人得請求法院撤銷之。但自知悉其事實之日起，已逾六個月，或自法院認可之日起已逾一年者，不得請求撤銷。

- 違反未成年人應經法代人同意規定者，被收養者配偶或法代人得請求法院撤銷之。但自知悉其事實之日起，已逾六個月，或自法院認可之日起已逾一年者，不得請求撤銷。

b·收養之「終」止：

- 協議終止：養父母、養子女得由雙方合意終止，應以書面為之。養子女為未成年者應向法院聲請認可，法院依養子女最佳利益為之。夫妻共同收養子女者其合意終止收養應共同為之。但下列情形得單獨終止：

（1）夫妻一方不能為意思表示或生死不明已逾三年

（2）夫妻一方於收養後死亡

（3）夫妻離婚

（4）單獨收養者，效力不及他方

- 裁判終止：

1080-1，養父母死亡後，養子女得聲請法院許可終止收養。養子女未滿七歲者，由收養終止後為其法定代理人之人向法院聲請許可。養子女為滿七歲以上之未成年人者，其終止收養之聲請，應得收養終止後為其法定代理人之人之同意。法院認終止收養顯失公平者，得不許可之。

1080，養父母、養子女之一方，有下列各款情形之一者，法院得依他方、主管機關或利害關係人之請求，宣告終止其收養關係：

- 對於他方為虐待或重大侮辱。

・遺棄他方。

・因故意犯罪，受二年有期徒刑以上之刑之裁判確定而未
　受緩刑宣告。

・有其他重大事由難以維持收養關係。

　　　養子女為未成年人者，法院宣告終止收養關係時，應
依養子女最佳利益為之。

血親之消滅(口訣：自然除死亡、擬制定撤終)

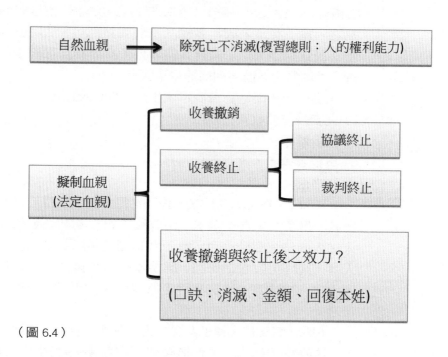

（圖 6.4）

Q、撤銷與終止收養之效力？（口訣：消滅，金額，回復本姓）

答：

1、因收養而產生的親屬關係「消滅」。

2、得請求他方給與相當之「金額」：1082，因收養關係終止而生活陷於困難者，得請求他方給與相當之金額。但其請求顯失公平者，得減輕或免除之。

3、「回復本姓」及權利義務：1083，養子女及收養效力所及之直系血親卑親屬，自收養關係終止時起，回復其本姓，並回復其與本生父母及其親屬間之權利義務。但第三人已取得之權利，不受影響。

父母子女

民法中的父母子女這章，跟地政士考試比較相關的是婚生子女與非婚生子女的規定，以及非婚生子女之轉換。

Q、婚生子女之規定？

答：

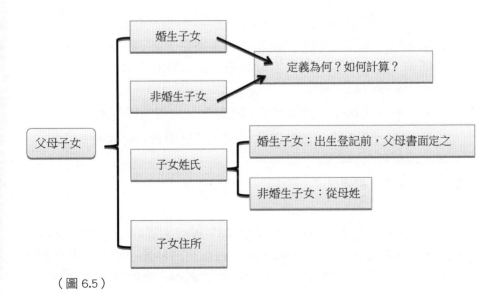

（圖 6.5）

　　1‧1061，稱婚生子女者，謂由婚姻關係受胎而生之子女。

　　2‧1063，妻之受胎，係在婚姻關係存續中者，推定其所生子女為婚生子女。

　　前項推定，夫妻之一方或子女能證明子女非為婚生子女者，得提起否認之訴。（Q、婚生子女否認）前項否認之訴，夫妻之一方自知悉該子女非為婚生子女，或子女自知悉其非為婚生子女之時起二年內為之。但子女於未成年時知悉者，仍得於成年後二年內為之。

　　3‧1062，從子女出生日回溯第181日起至第302日止，為受胎期間。能證明受胎回溯在前項第181日以內或第三百零二日以前者，以其期間為受胎期間。

Q、非婚生子女之規定？（主要重點在於非婚生子女之轉換）

答：

　　1、非由婚姻關係受胎而生之子女即為非婚生子女

　　2、1065，非婚生經生父認領者視為婚生子女，經生父撫育者，視為認領；非婚生子女與其生母關係，視為婚生子女，無須認領。（認領請參考血親之發生）

　　3、1066，非婚生子女或其生母，對生父之認領得否認之

　　4、1064，非婚生子女，其生父與生母結婚者，視為婚生子女。（準正請參考血親之發生）

Q、子女姓氏之規定？

答：

　　1‧1059，父母於子女出生登記前，應以書面約定子女從父姓或母姓。未約定或約定不成者，於戶政事務所抽籤決定之。子女經出生登記後，於未成年前，得由父母以書面約定變更為父姓或母姓

子女已成年者，得變更為父姓或母姓。前二項之變更，各以一次為限。有下列各款情形之一，法院得依父母之一方或子女之請求，為子女之利益，宣告變更子女之姓氏為父姓或母姓：

- ·父母離婚者。
- ·父母之一方或雙方死亡者。
- ·父母之一方或雙方生死不明滿三年者。
- ·父母之一方顯有未盡保護或教養義務之情事者。

2·1059-1，非婚生子女從母姓。經生父認領者，適用前條第二項至第四項之規定。非婚生子女經生父認領，而有下列各款情形之一，法院得依父母之一方或子女之請求，為子女之利益，宣告變更子女之姓氏為父姓或母姓：

- ·父母之一方或雙方死亡者。
- ·父母之一方或雙方生死不明滿三年者。
- ·子女之姓氏與任權利義務行使或負擔之父或母不一致者。
- ·父母之一方顯有未盡保護或教養義務之情事者。

Q、子女之住所？

答：1060，未成年之子女，以其父母之住所為住所。

Q、何謂婚約？其要件為何？

答：婚約即為男女雙方以將來結婚為內容之契約。972，須由當事人自行訂定（男女當事人自行訂定）。973，法定訂婚年齡、男未滿17，女未滿15，不得訂定婚約。974，未成年人須得法定代理人同意。975，婚約，不得請求強迫履行。

Q、法定解除婚約之規定？

答：976，婚約當事人之一方，有下列情形之一者，他方得解除婚約：

- 婚約訂定後，再與他人訂定婚約或結婚者。
- 故違結婚期約者。
- 生死不明已滿一年者。
- 有重大不治之病者。
- 有花柳病或其他惡疾者。
- 婚約訂定後成為殘廢者。
- 婚約訂定後與人通姦者。
- 婚約訂定後受徒刑之宣告者。
- 有其他重大事由者。

依前項規定解除婚約者，如事實上不能向他方為解除之意思表示時，無須為意思表示，自得為解除時起，不受婚約之拘束。

Q、違反婚約時之效力？

答：977，依前條之規定，婚約解除時，無過失之一方，得向有過失之他方，請求賠償其因此所受之損害。前項情形，雖非財產上之損害，受害人亦得請求賠償相當之金額。前項請求權不得讓與或繼承。但已依契約承諾，或已起訴者，不在此限。

978，婚約當事人之一方，無第976條之理由而違反婚約者，對於他方因此所受之損害，應負賠償之責。

979，前條情形，雖非財產上之損害，受害人亦得請求賠償相當之金額。但以受害人無過失者為限。前項請求權，不得讓與或繼承。但已依契約承諾或已起訴者，不在此限。

979-1，因訂定婚約而為贈與者，婚約無效、解除或撤銷時，當事人之一方，得請求他方返還贈與物。

979-2，第977條至第979-1條所規定之請求權，因二年間不行使而消滅。

姻親

Q、姻親之發生原因？（口訣：結婚）

答：結婚。男女雙方於結合為夫妻之契約。結婚之要件如下：

981，當事人雙方合意，未成年人結婚，應得法代人同意。

980，法定結婚年齡，男未滿18，女未滿16，不得結婚。

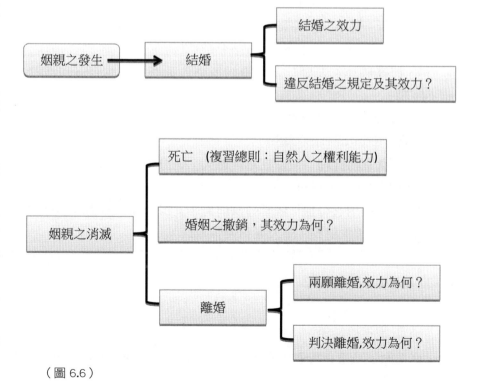

（圖6.6）

982，應以書面為之，有二人以上證人簽名，並應由雙方當事人向戶政機關為結婚登記。

983，須不違反結婚限制。

Q、結婚之效力？

答：

1、夫妻之冠姓：夫妻各保有其本姓。但得書面約定以其本姓冠以配偶之姓並向戶政機關辦理登記。冠姓一方得隨時回復其本姓。婚姻存續中以一次為限。

2、同居之義務：但有不能同居之正當理由不在限。

3、住所：雙方共同協議之。未能協議或協議不成，得聲請法院定之。

4、貞操義務：夫妻一方有重婚或與人通姦者，他方得向法院請求離婚。

5、扶養：夫妻互負扶養義務，一方惡意遺棄他方在繼續狀態中者，他方得向法院請求離婚。

6、日常業務代理：夫妻互為代理人，一方濫用前項代理權時，他方得限制之，但不得抗三人。

7、生活費用之分擔：依其經濟能力，家事勞動，其他情事分擔之，生活費用所生債務，由夫妻負連帶責任。

Q、違反結婚之規定者？

答：

1、近親不得結婚：983

直系血親及直系姻親，旁系血親在六親等以內但因收養而成立

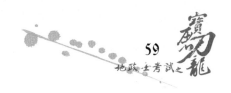

之血親等，及六親等旁系血親輩分相同者，不在此限。

旁系姻親5等親以內，輩分不相同者。

直系姻親結婚限制，於「姻親關係消滅」亦後適用。

直系姻親及直系姻親限制，在「收養關係終止」後亦適用。

2、監護關係不得結婚：監護關係存續中，不得結婚，但經受監護人父意同意，不在此限。

3、重婚及同時結婚：985，有配偶者，不得重婚，一人不得同時與二人以上結婚。

Q、結婚無效？

答：988，結婚有下列情形之一者，無效。（自然，當然，絕對無效）

不具備第982條之方式（不具備書面，二人以上簽名，及結婚登記）。違反第983條規定（近親不得婚規定）。違反第985條規定（重婚規定）。但重婚之雙方當事人因善意且無過失信賴一方前婚姻消滅之兩願離婚登記或離婚確定判決而結婚者，不在此限。

Q、達反結婚之效力？

答：

1、當事人一方因結婚無效而受損害者，得向他方請求賠償，但他方無過失者，不在限。

2、雖非財產上損害，受害人亦得請求賠償相當金額，以受害人無過失為限。

3、贍養費之給與及財產取回：準用離婚規定。

結婚無效之例外：重婚雙方當事人因「善意且無過失」信賴一

方前婚姻消滅之兩願離婚登記成離婚判決確定者，前婚直後婚成立之日起視為消滅。前婚消滅效力，準用離婚之效力，但剩餘財產已為分配或協議者，仍依原協議定之，不得另主張剩財請求權，自知有剩財之差額起，2年不行使，或判決確定之日起5年者亦同結婚之普通效力。（夫妻財產制看後面整理）

Q、姻親之消滅？（口訣：死亡、婚姻撤銷、離婚）

答：

　　1、死亡：配偶一方或雙方自然死亡或受死亡宣告。

　　2、婚姻之撤銷：因結婚欠缺法定原因或違反法律規定，當事人或其法代人得行使撤銷權。

　　　　a‧未達法定結婚年齡：當事人或其法代人得向法院請求撤銷之，但當事人已達法定結婚年齡或已懷胎者，不得請求撤銷。

　　　　b‧未成年人未得法代人同意：法定代理人得向法院請求撤銷之，但直知悉其事實之日起，已逾六個月，或結婚後已逾一年，或已懷胎者，不得請求撤銷。

　　　　c‧監護關係存續中：受監護人或其最近親屬，得向法院請求撤銷之，但結婚已逾一年者，不得請求撤銷。

　　　　d‧不能人道：而不能治者，他方得向法院請求撤銷之。

　　　　e‧無意識或精神錯亂：得於回復後六個月內向法院請求撤銷。

　　　　f‧被詐欺或被脅迫：得於發現詐欺或脅迫終止後，六個月內向法院請求撤銷。

　　　　g‧撤銷之效力：

　　　　　‧998，不溯及既往。婚姻關係消滅。

　　　　　‧999，當事人之一方，因結婚無效或被撤銷而受有損害

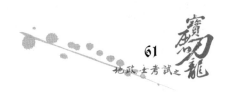

者，得向他方請求賠償。但他方無過失者，不在此限。前項情形，雖非財產上之損害，受害人亦得請求賠償相當之金額。但以受害人無過失者為限。前項請求權，不得讓與或繼承。但已依契約承諾或已起訴者，不在此限。

- 999-1，子女之監護，贍養費之給與，財產取回之規定準用離婚規定。

3、離婚：夫妻雙方協議或法院判決，消滅其婚姻關係。

  a·兩願離婚：當事人為夫妻，夫妻須兩願，未成年應得法代人同意（單方意思不得為之）須書面、二人以上證人簽名，應向戶政機為離婚登記。

  b·判決離婚：1052，夫妻一方有下列情形，他方得向法院請求離婚：

    （1）重婚。與配偶以外之人合意性交。夫妻之一方對他方為不堪同居之虐待。夫妻之一方對他方之直系親屬為虐待，或夫妻一方之直系親屬對他方為虐待，致不堪為共同生活。夫妻之一方以惡意遺棄他方在繼續狀態中。夫妻之一方意圖殺害他方。有不治之惡疾。有重大不治之精神病。生死不明已逾三年。因故意犯罪，經判處有期徒刑逾六個月確定。有前項以外之重大事由，難以維持婚姻者，夫妻之一方得請求離婚。但其事由應由夫妻之一方負責者，僅他方得請求離婚。

    （2）1052-1，離婚經法院調解或法院和解成立者，婚姻關係消滅。法院應依職權通知該管戶政機關。

    （3）1053，對於前條第一款、第二款之情事，有請求權之一方，於事前同意或事後宥恕，或知悉後已逾六個月，或自其情事發生後已逾二年者，不得請求離婚。

    （4）1054，對於第1052條第六款及第十款之情事，有請求

權之一方，自知悉後已逾一年，或自其情事發生後已逾五年者，不得請求離婚。

Q、兩願離婚效力？

答：

1、婚姻關係因離婚而消滅。

2、子女監護：對未成年子女權利行使與負擔，依協議由一方或雙方共同任之。協議不成，法院依一方、主管機、社福機請求定之。（應依子女最佳利益）

3、財產取回：除採分別財產制外，各自取回其結婚時或變更夫妻財產制時之財產，如有剩餘，各依其夫妻財產制規定分配之。

Q、判決離婚效力？

答：

1、婚姻關係因離婚而消滅。

2、子女監護：對未成年子女權利行使與負擔，依協議由一方或雙方共同任之。協議不成，法院依一方、主管機、社福機請求定之。（應依子女最佳利益）

3、財產取回：除採分別財產制外，各自取回其結婚時或變更夫妻財產制時之財產，如有剩餘，各依其夫妻財產制規定分配之。

4、損害賠償：夫妻一方，因判決離婚而受有損害者，得向過失之他方，請求賠償。

5、撫慰金：雖非財產上損害，受害人亦得請求賠償相當金額，但以受害人無過失為限。請求權，不得讓與或繼承，但已依契約承諾或已起訴者，不在限。

6、贍養費：夫妻無過失一方，因判決而陷入生活困難者，他方

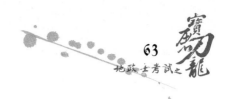

縱無過失，亦應給與相當之贍養費。

夫妻財產制

Q、說明夫妻財產制之規定？

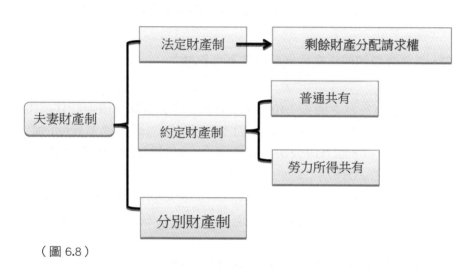

（圖 6.8）

答：夫妻財產制即為規範夫妻財產之制度，分為法定財產制與約定財產制。法定財產制：夫妻「未以契約訂立」夫妻財產制者，除民法另有規定，以法定財產制為其夫妻財產制，分「婚前財產」與「婚後財產」。

1、由夫妻各自所有。

2、不能證明婚前或婚後者，推定為婚後財產。

3、不能證明夫或妻所有，推定為「共有」。

4、夫或妻婚前財產，於婚姻關係存續中所生孳息，視為婚後財產，夫妻以契約訂立夫妻財產制後，婚姻關係存續中改用法定財

產。

5、改用前之財產為婚前財產夫或妻各自管理，使用，處分。家庭生活費用外，得協議一定金額供夫或妻自由處分。夫對妻婚後財產，互負報告義務。

6、夫妻債務之清償：夫妻各自對其債務清償責任，一方以自己財產清償他方債務時，雖於婚姻關係存續中，亦得請求償還。

Q、夫妻於婚姻關係存續中無償行為之撤銷？

答：

1、無償行為之撤銷：1020-1，夫妻於婚姻關係存續中就其婚後財產所為之無償行為有害及法定財產制關係消滅後他方剩餘財產分配請求權者。他方得聲請法院撤銷之。但履行道德上義務所為相當贈與，不在此限。

有價行為於行為時明知有損於法定財產關係消滅後他方剩餘財產分配請求者，以受益人受益時知情事者為限，他方得聲請法院撤銷之。

2、不行使而消滅：1020-2，前條撤銷權，自夫或妻之一方知有撤銷原因時起，六個月間不行使，或自行為時起經過一年而消滅。

剩餘財產分配請求權

1、法定財產制關係消滅時（含一方死亡、離婚，改採用約定財產制），依1030-1，法定財產制關係消滅時，夫或妻現存之婚後財產，扣除婚姻關係存續所負債務後，如有剩餘，其雙方剩餘財產之差額，應平均分配。但下列財產不在此限：因繼承或其他無償取得之財產、慰撫金。

　　依前項規定，平均分配顯失公平者，法院得調整或免除其分配額。

　　第一項剩餘財產差額之分配請求權，自請求權人知有剩餘財產之差額時起，二年間不行使而消滅。自法定財產制關係消滅時起，逾五年者，亦同。

　　2、請求權不得讓與或繼承，一身專屬，不得代位行使。

　　3、現在婚後財產價值計算：1030-4，夫妻現存之婚後財產，其價值計算以法定財產制關係消滅時為準。但夫妻因判決而離婚者，以起訴時為準。依前條應追加計算之婚後財產，其價值計算以處分時為準。

　　4、清償之納入現存之婚後財產：夫妻一方以婚後財產清償婚前所負債務，或以婚前財產清償婚姻關係所負債務，應分別納入現存之婚後財產或婚姻中所負責務計算。

　　5、擬制婚後財產（剩財追加計算）

　　1030-3，夫或妻為減少他方對於剩餘財產之分配，而於法定財產制關係消滅前五年內處分其婚後財產者，應將該財產追加計算，視為現存之婚後財產。但為履行道德上義務所為之相當贈與，不在此限。前項情形，分配權利人於義務人不足清償其應得之分配額時，得就其不足額，對受領之第三人於其所受利益內請求返還。但受領為有償者，以顯不相當對價取得者為限。

　　前項對第三人之請求權，於知悉其分配權利受侵害時起二年間不行使而消滅。自法定財產制關係消滅時起，逾五年者，亦同。

　　以上是親屬編中關於繼承題目的基本概念。建議考生看此書時，三不五時就翻回「阿里不答關聯」圖看一下，目前所看的議題是在圖中那個位置？就好比你在法海的大海中，若沒有指南針，航海地圖，你很容易就迷失方向，不知自己從何而來？要往那裡前

進？如此對考生在回答申論題時只有傷害而無好處。

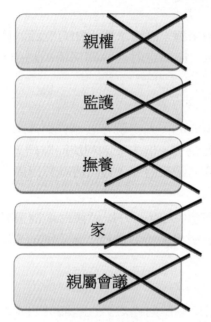

（圖 6.7）
本書開宗明義就是希望考生們在最短時間內架構起地政士考試的整體架構，再加上準備好時（請看練功時氣場循環圖）的心理建設就是集中火力在會考的題目上；故筆者依往年民法出題經驗大膽的告訴您，民法親屬編會考的部分已經融入圖 5 及圖 6 當中，而圖 6.1 的部分，你方可省略，尤其是針對不夠時間準備考試的朋友。（希望如館主所預測的，不然「懦夫救星武館」，真的要倒過來寫了！）

　　終於離開了親屬編，接下來回到繼承編，建議考生做筆記整理時，每走到一個議題，就不斷發問問題（自問自答），或蒐集考題，集在中筆記最上面，如筆者接下來整理的方式。

繼承權的積極與消極要件

　　趕快回頭看一下（圖 5）的「阿里不答關聯圖」，繼承權的積極要件在那裡？

Q、繼承權的積極要件？（口訣：開始，繼承順位，同在）

答：

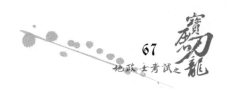

1、「開始」時點：1147：繼承，自被繼承人死亡時開始，死亡包括真實死亡與死亡宣告確定

2、繼承人須具有「繼承」能力，居於法定「順位」之一定親屬關係之人：1138（考生們請翻法條，要熟背這條喔！）、1139（此兩條文，在考繼承時「一定要寫」，別讓老師不開心！）、1138條中「除配偶外」意指：1144配偶間有相互繼承之權，配偶為當然繼承人，不在繼承順序中。以繼承開始時，有配偶關係為準。

同時存在原則：繼承人於繼承開始時生存，同時死亡不發生繼承關係。

Q、受遺贈權之喪失樣態為何？（口訣：絕對、相對、表示）何謂繼承權之「消極要件」？何種情況下喪失繼承權？喪失後效力為何？

答：依民1145，喪失繼承權之樣態如下：

1、絕對失權（直接喪失權利）：故意致被繼承or應繼承之人死亡

2、相對失權（經被繼承人宥恕者，不喪失權利）：

　　a‧以詐欺脅迫使被繼承人為關於遺囑使其撤回變更者。

　　b‧……（同a）或其妨害其撤回變更者。

　　c‧偽造、變造、隱匿、煙滅被繼承人關於繼承之遺囑。

3、表示失權（直接喪失權利）：繼承人對於被繼承人有重大虐待或侮辱事實，經被繼承人表示不得繼承者（二者須兼具）。

Q、繼承權喪失後之效力：

答：

1、相對失權者，如經被繼承人宥恕者，其繼承權不喪失。

2、絕對失權與表示失權，於事由發生，即生效力。

3、產生代位繼承，依1140規定

4、產生繼承回復請求權之行使，依1146規定，對繼承權有爭議時，得提確認之訴。

5、民法1188條：1145喪失繼承權之規定，於受遺贈人準用之。（這個很重要喔！）

代位繼承

Q、何謂代位繼承？其要件與效力？

答：

1、破題：為保護代位繼承人之「繼承期待利益」符合公平原則，維護各子股公平。民1140條規定，1138條所定之第一順位繼承人於繼承開始前死亡或喪失繼承權，由其直系血親卑親屬代位繼承其應繼分。

所謂死亡：依民6，自然人之權利能力始於出生，終於死亡。其中包括真實死亡與死亡宣告；所謂喪失繼承權指：依民法1145條規定，喪失繼承權之樣態有：絕對失權，相對失權，表示失權三種。

2、代位繼承之要件：僅限於第一順位繼承人死亡或喪失繼承權，（不包括拋棄繼承）並於繼承開始前死亡或喪失繼承權。代位繼承人為被代位者之直卑親屬；被代位者為被繼人之直卑親屬；1138條之二至四順位繼承人無代位繼承問題。

3、代位繼承之效力：性質為代位繼承人之「固有權」，只繼承「被代位人之應繼分」，代位繼承人僅一人時：其應繼分與被代位人相同。二人以上時：其應繼分就被代位人應繼分平均分配。

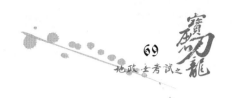

繼承回復請求權

Q、何謂繼承回復請求權？被侵害時如何救濟？時效為何？

答：

1、依民法1146條規定：繼承權被侵害時，「被害人」或其法定代理人得請求回復之。被侵害指：繼承發生時，繼承資格被否定，被「排除遺產占有，處分，管理」之列。請求回復是指：請求確認繼承人資格及回復對繼承標的物一切權利，有別於民767之物上請求權，具有概括性，無須繼承人一一請求。

2、行使方式（救濟方法）：不限以訴為要件，訴訟以外之請求，亦發生時效中斷之效力。以被害人或法定代理人為原告；僭越繼承人，侵害人，表具繼承人為被告。自知悉繼承權被侵害起二年內，自繼承開始逾10年，不行使而消滅。

拋棄繼承

Q、拋棄繼承有害債權時（100年考題）？拋棄繼承之否認（94年考題）？限定繼承與拋棄繼承有何不同（95年考題）？

答：

繼承開始後否認自己開始繼承效力之意思表示，（繼承開始前拋棄不能視為有效），依民1174，繼承人得拋棄其繼承權，繼承之拋棄屬「身分拋棄行為」，不許附條件、期限，不許部分拋棄。

Q、如何行使拋棄繼承？

答：依民1174Ⅱ，繼承人應於知悉其得繼承之時起3個月內以書面向法院為之（此為單獨行為不得撤回）。知悉指知被繼承人死亡，自己為繼承人而言，未於期限內（3個月）為之者不生拋棄之效

力（為要式行為應以書面為之）

Q、拋棄繼承後之效力？拋棄後應繼分之歸屬？（拋棄繼承最愛跟應繼分一起考）

答：

1、拋棄繼承後，應以書面通知因其拋棄而應為繼承之人。

2、對拋棄人之效力：

　　a‧1175：拋棄繼承，溯及繼承開始時發生效力。視為自始非繼承人。

　　b‧1176-1：拋棄繼承者，就其所管理之遺產，於他繼承人或遺產管理人開始管理前，應與處理自己事務同一注意，繼續管理。

3、對其他繼承人之效力：

　　1176，第1138條所定第一順序之繼承人中有拋棄繼承權者，其應繼分歸屬於其他同為繼承之人。第二順序至第四順序之繼承人中，有拋棄繼承權者，其應繼分歸屬於其他同一順序之繼承人。

　　與配偶同為繼承之同一順序繼承人均拋棄繼承權，而無後順序之繼承人時，其應繼分歸屬於配偶。配偶拋棄繼承權者，其應繼分歸屬於與其同為繼承之人。

　　第一順序之繼承人，其親等近者均拋棄繼承權時，由次親等之直系血親卑親屬繼承。

　　先順序繼承人均拋棄其繼承權時，由次順序之繼承人繼承。其次順序繼承人有無不明或第四順序之繼承人均拋棄其繼承權者，準用關於無人承認繼承之規定。

　　因他人拋棄繼承而應為繼承之人，為拋棄繼承時，應於知悉其得繼承之日起三個月內為之。

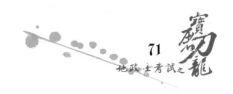

無人承認之繼承

破題：繼承開始時，繼承人有無不明之狀態。指居順位之法定繼承人無一出現，有無繼承人處於不明狀態。

1、繼承人之搜索：

1178 I，法院應依公示催告程序，定6個月以上期限公告繼承人，命其於期限內承認繼承。目的是為了保護可能出現之繼承人，而非剝奪繼承權利，故管理人依規定，清償債務交付遺贈前，遺產未屬國庫前，繼承人之繼承權尚未喪失。

2、法院保留財產必要處分：

1178-1→繼承開始，繼承人有無不明，在遺產管理人選定前，法院得因利害關係人or檢查官聲請，為遺產保存必要處分。

3、遺產管理人產生：

1177，繼承開始時，繼承人有無不明者，親屬會議1個月內選定遺產管理人，並將選定事由，向法院報明。

1178 II，未於期限內選定、無親屬會議者，利害人或檢官得申請法院選任遺產管理人。

4、遺產管理人職務：

1179，編製遺產清冊，保存遺產必要處置、聲請法院依公示催名程序，清償債權交付遺贈，遺產之移交。

5、報告與注意義務：

1180，因親屬會議、被繼人之債權人、受遺贈人請求應報告說明遺產狀況。

6、報酬請求權：

1183，管理人得請求報酬，數額由親屬會議按勞力及與被繼承人關係酌定之。

法律地位：

1184，在繼承人承認繼承前，管理人於職務上所為之行為，視為繼承人之代理剩餘財產之歸屬。

1182，被繼承人之債權人或受遺贈人，不依1179期限內報明或申請者，僅得就剩餘遺產，行使其權利。

1185，期限屆滿，無繼承人出現，其遺產於清償債務、交付遺贈後，如有剩餘，歸屬國庫。

7、法律規定產生權利移轉效果

動產「無須交付」。不動產無須登記即由國庫「原始取得」所有權→759，應登記始得處分。

逾期未辦理繼承

Q、逾期未辦理繼承登記之土地如何處理？國有財產局標售程序為何？（屬於土地法或土地登記出題的科目）

答：（破題）繼承之土地，日久未辦理登記，導致土地產權不明，土地荒廢，影響市容，地利不經濟。依土72，土73（只要是考到「登記」，這兩條就先寫，請看本書整理之公式）。

依土73-1，土地或建築改良物逾期未辦理登記之處理程序如下：

1、查明後公告：自繼承開始之日起，逾一年未辦理繼承登記者，經該管直縣市地政機查明，公告繼承人於三個月內聲請登記。

2、列冊管理：逾期仍聲聲請者，得由地政機序以列冊管理，但不可歸責於聲請人之事由，其期間應予扣除。

3、列冊管理15年仍未聲請登記，地政機將該土地或建築改良物清冊移請國有財產局公開標售：標售前應公告30日。

a·順利標售：標售所得款項，應於國庫「設立專戶儲存」，繼承人得依法定應繼分領取，逾10年無提領→歸屬國庫。繼承人或第三人占有，無合法使用權者→於標售後喪失占有權利。土地或建築改良物租賃期限超過5年者→於標售後以5年為限。繼承人、合法使用人、其他共有人於使用範圍內依序有優先購買權，未於決標後+10內表示優買者，視為放棄債權效力。

b·未順利標售時：土地或建改物無人應買或應買人出價未達最低價額，由國有財產局定期再標售：應酌減拍賣最低價額，酌減數額不得逾20%，經5次標售而未標出者→登記為國有並準用喪失占有及租賃期限之規定。

Q、登記為國有登記後，繼承人價款領取？

答：自登記為國有之日起10年內，原權利人檢附證明文件，按其法定應繼分，向國有財產局申請專戶提撥發給價金。經審查無誤，公告90日，期滿無人異議時，按該土地或建改物第5次標售底價分算發給之。

5.2 繼承什麼「東東」？

「厚！抓到了，作者又在博版面，騙稿費……」，眼尖的讀者一定會發現下圖在本章一開始就出現過，只是右半邊那塊變成老師在丟筆！筆者在此要再次把圖拿出來放，最主要目的在於告訴考生們，我們要不斷不斷的複習現在所在的位置，不論在說什麼主題，你心中永遠不會忘記關聯圖；經過這樣的訓練，久而久之，當考試時你看到題目後，必然會以關聯圖為答題的依據，也惟有這種方法

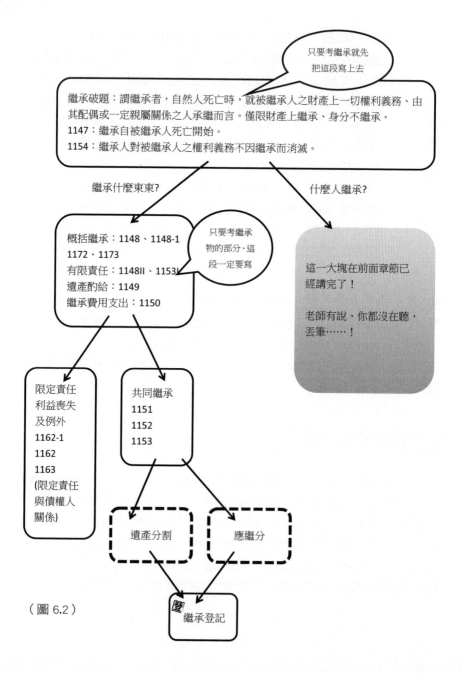

（圖 6.2）

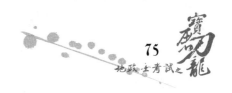

申論題才會寫得好喔！（這章進入繼承什麼「東東」，當然就開始
屁圖的左半邊囉！）

遺產繼承之範圍

Q、遺產繼承之範圍為何？繼承之「標的物」為何？

答：我國民法繼承採概括繼承、有限責任，分述如下：

1、概括繼承：

　　a·依民1148 I，繼承人有繼承開始時，繼承被繼承人，財
　　　產上一切權利義務，此規定不待繼承人主張，於繼承開
　　　始時，即生效力。所謂財產上之權利義務，包括積極財產
　　　（資產與權利）及消極財產（負債），僅限於財產上之繼
　　　承，身分則不為繼承。

　　b·依民1148 I 但：專屬於被繼承人本者，不在此限。（如終
　　　身年金、被扶養權利、非財產上損賠請求權）

　　c·依民1148-1：繼承人於繼承開始前二年內，從被繼承人受
　　　財產贈與者，該財產視為所得遺產。

　　d·債務之扣還1172：繼承人中對被繼人負有債務者，於遺
　　　產分割時，應按其債務數額，由該繼承人之應繼分內扣
　　　還。

　　e·特種贈與之「歸扣」：1173，繼承人中有在繼承開始前因
　　　結婚、分居或營業，已從被繼承人受有財產之贈與者，應
　　　將該贈與價額加入繼承開始時被繼承人所有之財產中，
　　　為應繼遺產。但被繼承人於贈與時有反對之意思表示者，
　　　不在此限。前項贈與價額，應於遺產分割時，由該繼承人
　　　之應繼分中扣除。贈與價額，依贈與時之價值計算。

2、有限責任：（限定責任）

　　a・民1148 II，繼承人對被繼承人之債務，以所得遺產為限負清償責任。

　　b・民1153 I，繼承人對被繼承人之債務，以所得遺產為限負連帶責任。（此指共同繼承人間之對外關係）

　　有限責任，即繼承人，不以自有財產，盡被繼承人履行債務之義務避免父債子還之情事發生，陷繼承人於不利益狀態。

Q、何謂「遺產酌給請求權」？

答：民1149：被繼承人生前繼續扶養之人，應由親屬會談，依其所受扶養程度及其他關係酌給遺產。

　　立法主旨：使被繼承人生前受扶養之人，維持日後生活，可視為「生前扶養之延長」，是否為法定扶養人義務，不在所問。請求人依1129召開親屬會談，若會議未予允洽（含給而過少或根本不給），3個月內訴請法院。

Q、繼承「費用之支出」？（口訣：管割囑）

答：民1150，遺產之管理、分割、執行遺囑之費用，由遺產中支付（喪葬費用亦為在列），但因繼承人過失而支付者，不在此限。

限定責任利益喪

Q、遺產繼承時，何謂繼承人之限定責任？如何行使？

答：

　　1、有限責任：（即限定責任）

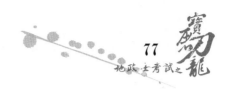

a‧民1148Ⅱ，繼承人對被繼承人之債務，以所得遺產為限負清償責任。

b‧民1153Ⅰ，繼承人對被繼承人之債務，以所得遺產為限負連帶責任。（此指共同繼承人間之對外關係）

有限責任，即繼承人，不以自有財產，盡被繼承人履行債務之義務避免父債子還之情事發生，陷繼承人於不利益狀態。

2、有限責任即為繼承人之限定責任，行使限定責方法如下：

依民1162-1：繼承人未依1156及1156-1開具清冊，陳報法院，對被繼承人之債權之全部債權仍應按其數額比例計算，以遺產分別償還。但不得害及優先權人利益。前項繼承人，非依前項規定償還債務後，不得對受遺贈人交付遺贈。

繼承人對於繼承開始時未屆清償期之債權，亦應依第一項規定予以清償。

前項未屆清償期之債權，於繼承開始時，視為已到期。其無利息者，其債權額應扣除自清償時起至到期時止之法定利息。

Q、限定繼承之繼承人與債權人之關係？限定繼承利益之喪失？被繼承人之債權人受有損害者如何規定？繼承人對於不當受領之債權人或受遺贈人如何規定？

答：

1、民1162-2：繼承人違反第一千一百六十二條之一規定者，被繼承人之債權人得就應受清償而未受償之部分，對該繼承人行使權利。繼承人對於前項債權人應受清償而未受償部分之清償責任，不以所得遺產為限。但繼承人為無行為能力人或限制行為能力人，不

在此限。繼承人違反第一千一百六十二條之一規定，致被繼承人之債權人受有損害者，亦應負賠償之責。

2、前項受有損害之人，對於不當受領之債權人或受遺贈人，得請求返還其不當受領之數額。

3、繼承人對於不當受領之債權人或受遺贈人，不得請求返還其不當受領之數額。

4、民1163：繼承人有下列情事之一，不得主張1148Ⅱ所定之利益

  a·隱匿遺產情節重大

  b·遺產清冊為虛偽記載，情節重大

  c·意圖詐害被繼承人之債權人之權利而為遺產之處分

5.3 共同繼承與繼承登記

Q、公同共有之遺產其管理與處分有何規定？

答：

1、共同繼承破題：依民1151：繼承人為數人時，在遺產分割「前」各繼承人對遺產全部為公同共有。民1152：公同共有之遺產，繼承人互推一人管理之。

2、遺產未分割前：

  a·公同共有遺產之管理：適用民828。

  b·公同共有遺產之處分，及其他權利行使，除法律另有規定，應得全體繼承人同意。

3、遺產為不動產者，於未分割前：（含二種樣態為公同共有與分別共有）

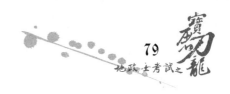

各繼承人均得請求公同共有登記，經全體共有人同意，得請申分別共有人登記。

4、另依1164繼承人得請求分割共有物＜看遺產分割＞，此為公同共有關係存續中不得分割共有物之例外。

Q、遺產繼承時，共同繼承之債務有何規定？繼承人間對遺產之關係為何？

答：依民1153：

1、共有人間內部關係：繼承人相互間對於被繼承人之債務，除法律另有規定或另約定，按其應繼分比例負擔之。

2、共有人對債權人之關係：繼承人對被繼承人之債務，以因繼承人所得遺產為限負連帶責任（此為繼承之限定責任，債權人之請求權僅限於繼承人所得之遺產）

Q、遺產繼承之程序為何？（口訣：法院開公債，自分清責任）

答：1154繼承人對於被繼承人之權利義務，不因繼承而消滅。

（一）法院清算

1、開具遺產清冊陳報法院：進入法院清算程序之方式有下列三種情形：

（1）繼承人於知悉得繼承之時起三個月內開具遺產清冊陳報法院（民一一五六）。

（2）債權人得向法院聲請命繼承人於三個月內提出遺產清冊（民一一五六之一）。

（3）法院於知悉債權人以訴訟程序或非訴訟程序向繼承人請求清償繼承債務時，得依職權命繼承人於三個月內提出遺產清冊

（民一一五六之一）。

前項三個月期間，法院因繼承人之聲請，認為必要時，得延展之。繼承人有數人時，其中一人已開具遺產清冊陳報法院者，其他繼承人視為已陳報（民一一五六）。

2、公示催告債權：繼承人依規定陳報法院時，法院應依公示催告程序公告，命被繼承人之債權人於一定期限內報明其債權。前項一定期限，不得在三個月以下（民一一五七）。被繼承人之債權人，不於所定之一定期限內，報明其債權，而又為繼承人所不知者，僅得就賸餘遺產，行使其權利（民一一六二）。

3、清償債權：

（1）繼承人在第一千一百五十七條所定之一定期限內，不得對於被繼承人之任何債權人，償還債務（民一一五八）。

（2）在第一千一百五十七條所定之一定期限屆滿後，繼承人對於在該一定期限內報明之債權及繼承人所已知之債權，均應按其數額，比例計算，以遺產分別償還。但不得害及有優先權人之利益（民一一五九）。

（3）繼承人對於繼承開始時未屆清償期之債權，亦應依規定予以清償。前項未屆清償期之債權，於繼承開始時，視為已到期。其無利息者，其債權額應扣除自第一千一百五十七條所定之一定期限屆滿時起至到期時止之法定利息（民一一五九）。

（4）繼承人非依前條規定償還債務後，不得對受遺贈人交付遺贈（民一一六○）。

（5）繼承人違反前述之規定，致被繼承人之債權受有損害者，應負賠償之責。前項受有損害之人，對於不當受領人之債權或受遺贈人，得請求返還其不當受領之數額（民一一六一）。

（6）繼承人對於不當受領之債權人或受遺贈人，不得請求返

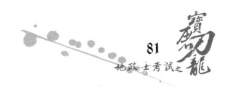

還其不當受領之數額（民一一六一）。

（二）自行清算

1、自為清償方法：

（1）繼承人未開具遺產清冊陳報法院者，對於被繼承人債權之全部債權，仍應按其數額，比例計算，以遺產分別償還。但不得害及有優先權人之利益（民一一六二之一）。

（2）前項繼承人，非依前項規定償還債務後，不得對受遺贈人交付遺贈（民一一六二之一）。

（3）繼承人對於繼承開始時未屆清償期之債權，亦應依規定予以清償。前項未屆清償期之債權，於繼承開始時，視為已到期。其無利息者，其債權額應扣除自清償時起至到期時止之法定利息（民一一六二之一）。

2、違規（違反第一千一百六十二條之一規定）之責任：

（1）繼承人違反規定者，被繼承人之債權人得就應受清償而未受償之部分，對該繼承人行使權利（民一一六二之二）。

（2）繼承人對於前項債權人應受清償而未受償部分之清償責任，不以所得遺產為限。但繼承人無為行為能力人或限制行為能力人，不在此限（民一一六二之二）。

（3）繼承人違反規定，致被繼承人之債權人受有損害者，亦應負賠償之責。前項受有損害之人，對於不當受領之債權人或受遺贈人，得請求返還其不當受領之數額（民一一六二之二）。

（4）繼承人對於不當受領之債權人或受遺贈人，不得請求返還其不當受領之數額（民一一六二之二）。

Q、繼承登記？（屬於土地登記實務出題範圍）

答：

1、套用7.1章節土登各論：破題公式及萬用解答（口訣：已因致應向）。

2、「已」辦竣總登記之土地與建物，依土72，土地總登記後，土地權利有移轉、分割、合併、設定、增減或消滅時，應為變更登記。（口訣：姨分合設真笑）。

「因」登記名義人死亡前，「致」權利主體發生變更，「應」辦畢繼承登記或遺囑執行人登記或遺產管理人登記後由受遺贈人會同繼承人或遺囑執行人或遺產管理人，「向」登機辦移轉土地權利登記。

3、依登123，受遺贈人，申請遺贈之土地所有權移轉登記？應先由繼承人辦畢繼承登記後，由繼承人會同受遺囑人申請之。

　　a‧如遺囑另有指定遺囑執行人？應於辦畢遺囑執行人及繼承登記後，由遺囑執行人會同受遺贈人申請。

　　b‧繼承人因故不能管理遺產亦無遺囑執行人時？應於辦畢遺產清理人及繼承登記後，由遺清清理人會同受遺贈人申請。

　　c‧無繼承人或繼承人有無不明時？應辦畢遺產管理人登記後，由遺產管理人會同受贈人申請之。

4、應提出文件：

　　a‧登35（6），遺產管理人登記及遺產清理人登記免提出所有權狀及他項證明書。

　　b‧登122，遺產管理人就管理土地，申請遺產管理人登記時，應提出親屬會議選任或法院選任之證明文件。

　　c‧登122-1，遺產清理人就管理土地，申請遺產清理人登記時，應提出法院選任之證明文件。

5.4 遺產分割與應繼分

從「阿里不達關聯圖」中,我們知道繼承開始後,確定了繼承的範圍是什麼?而繼承人為數人時,就產生了「共同繼承」的議

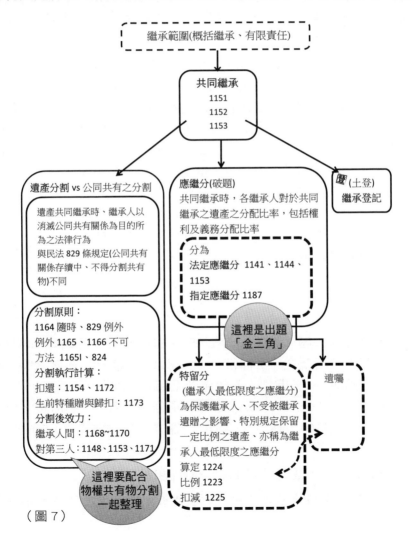

（圖 7）

題。

各位考生！試想一下，數人共同繼承之後當然就會有「遺產分割」的議題，而在共同繼承的當下會有「應繼分」的議題；有圖有真相，不難理解吧！所有當你在回答申論題時，腦中要有這樣的前因後果，要會煮「勾芡的肉羹麵」，才有辦法抵禦武林至尊們丟出來的「瀨尿牛丸」。

遺產的分割有一個重點，就是與民法物權中「共有物分割」的比較。而應繼分中除了法定應繼分外，還有指定應繼分，後者就會牽扯到遺囑與特留分的議題。這些就是老師們最愛滲在一起做瀨尿牛丸的考題，你只要熟記（圖7）中的關聯，然後把坊間的題目，包括近年考過的題目「寫在筆記的最上面」，並且不斷的練習寫，要記得「腦中有圖心中有口訣，筆下有法條，成績單才會有分數」（老師說第三次了，丟筆！）；如此一來，久而久之你會發現莫名其妙的出現了「萬用解答」（就是一篇文章可適用於多題題目），說穿了題目在問的「核心」只有一個，只是題目的出題方式（問的方式）變來變去而已。

遺產分割

遺產分割破題：遺產共同繼承時，繼承人以消滅遺產公同共有關係為目的，所為之「法律行為」。民1151，繼承人為數人時，在「遺產分割前」，各繼承人對於遺產全部為公同繼承。民829，公同關係存續中，各公同共有人，不得請求分割共有物，然遺產之分割為其例外：民1164　繼承人得隨時「請求」分割遺產：（自由分割原則）。

（建議遺產分割配合共有物分割一起整理比較）

Q、什麼情況下遺產禁止分割？遺產禁止分割之規定？91考孕婦生

產前可否分割遺產？

答：

1、民1164但書：法律另有規定，契約另有訂定（指共同繼承人得訂立不分割契約，此基於契約自由原則）契約所定不分割期限，法律有其規定，動產為5年，不動產為30年。

2、民1165：遺囑定有禁止分割遺產者（其禁止分割效力以10年為限）。

3、胎兒為繼承人時：民1166：胎兒為繼承人時，非保留其應繼分，他繼承人不得分割遺產，胎兒關於遺產之分割，以其母為代理人。

Q、「遺產分割」如何執行？遺產如何分割？（口訣：囑、議、判）

答：

1、依遺「囑」分割遺產：民1165 I，被繼承人之遺囑，定有分割遺產之方法，或託他人代定者，從其所定。遺囑禁止分割效力為10年。

2、以協「議」方式分割遺產：遺囑中未指定分割方式或未託人代定方法者，依民824規定，協議非要式行為，繼承人合意，協議即成立。（債權行為，仍須完成物權行為始生效力，758）

3、裁「判」分割遺產：遺囑中未指定分割方法，且無託他人代定方法，且無法協議方式分割者。各繼承人得訴請法院裁判分割方式，裁判具有判決效力，判決確定時，公同共有關係消滅，各共有人取得分割單獨所有權，惟處分前乃須依759，應經登記使得處分其物權。

Q、遺產分割執行計算？

答：

1、債務扣還（繼承人的被繼人負有債務）：

　　a・1172，繼承人如對被繼人負有債務，於遺產分割時應按其債務數額，由該繼承人之應繼分扣還。

　　b・1154，因繼承人對於被繼人之權利義務，不因繼承而消滅，故負有債務之繼承人應繼分，應扣還其對被繼人應還之債務。

2、生前「特種贈與」之歸扣：

　　a・生前特種贈與之性質為應繼承財產之預行撥給or前付，為維持共同繼承人間之公平，此稱歸扣，非現物返還，而係將贈與時之價值計算，結婚、分居、營業為法定列舉事由，其他事由所為之贈與不能適用。

　　b・依1173，繼承人中有在繼承開始前因結婚、分居、營業，從被繼人「受到財產贈與者」：

原則：應將贈與價額加入繼承開始時被繼人所有之財產中，為應繼遺產。

例外：被繼人於贈與時有反對之意思表示，不在此限（反對將其贈與並入遺產總額）

Ⅱ→贈與價額，應於遺產分割時，由該繼承人之應繼分中扣除。

Ⅲ→贈與價額，依贈與時之價值計算。

Q、遺產分割後之效力？（建議配合共有物分割並整理）

Q、如有債權存在，分割後繼承人責任？債務超過其應繼分時規定如何？

答：

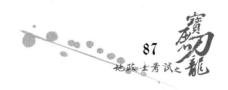

1、繼承人間之效力：

a.民1168：遺產分割後，各繼承人按其所得部分，對他繼承人因分割而得遺產負與出賣人同一之擔保責任。（即為物上或權利上之瑕疵擔保）

b.民1169，遺產分割後，各繼承人按其所得部分，對於他繼承人因分割而得之債權，就遺產分割時債務人之支付能力，負擔保之責。前項債權，附有停止條件或未屆清償期者，各繼承人就應清償時債務人之支付能力，負擔保之責。

c.民1170，依前二條規定負擔保責任之繼承人中，有無支付能力不能償還其分擔額者，其不能償還之部分，由有請求權之繼承人與他繼承人，按其所得部分比例分擔之。但其不能償還，係由有請求權人之過失所致者，不得對於他繼承人請求分擔。

2、對第三人之效力：

a.1148……負清償責任。

b.1153……負連帶責任。

c.1171（連帶債務之免除），遺產分割後，其未清償之被繼承人之債務，移歸一定之人承受，或劃歸各繼承人分擔，如經債權人同意者，各繼承人免除連帶責任。

繼承人之連帶責任，自遺產分割時起，如債權清償期在遺產分割後者，自清償期屆滿時起，經過五年而免除。

應繼分

Q、說明何謂應繼分？ 98、99考題有立遺囑及未立遺囑何人繼承？

答：

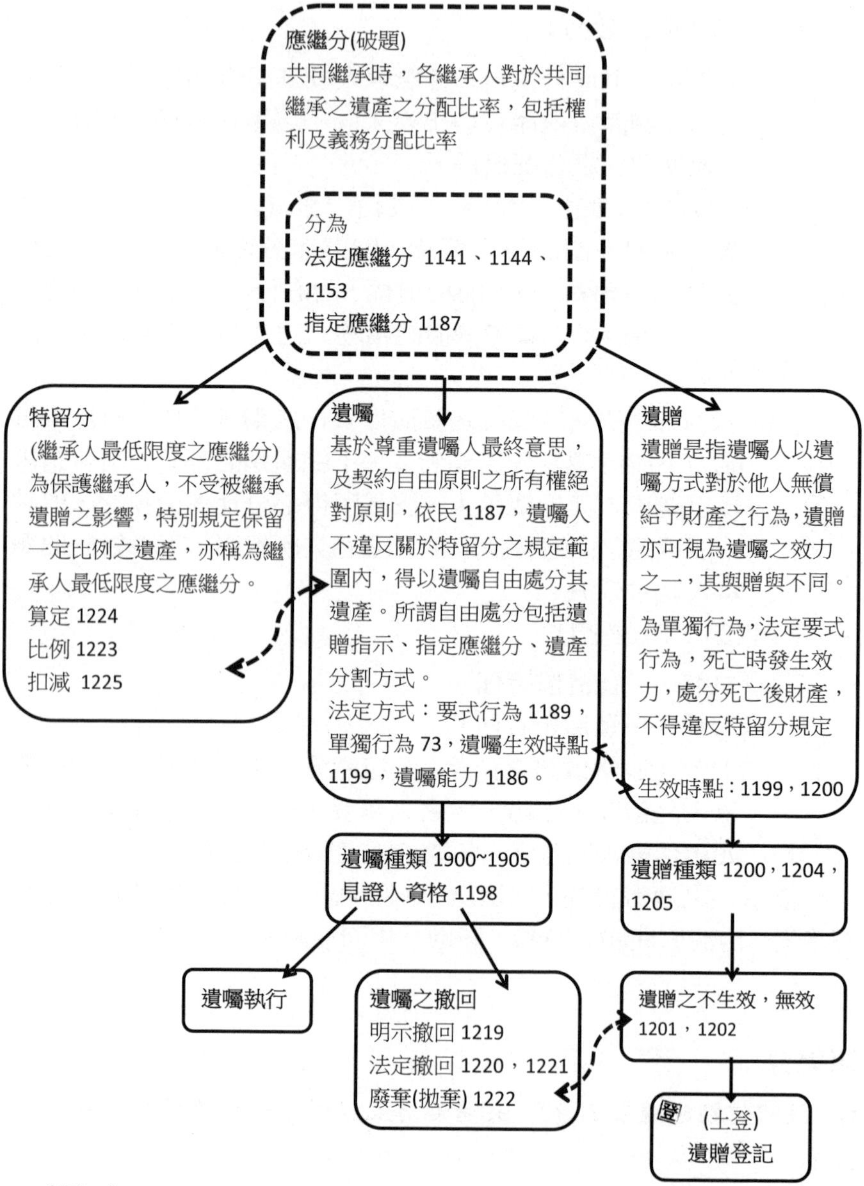

應繼分(破題)

共同繼承時，各繼承人對於共同繼承之遺產之分配比率，包括權利及義務分配比率

分為
法定應繼分 1141、1144、1153
指定應繼分 1187

特留分

(繼承人最低限度之應繼分)
為保護繼承人，不受被繼承遺贈之影響，特別規定保留一定比例之遺產，亦稱為繼承人最低限度之應繼分。
算定 1224
比例 1223
扣減 1225

遺囑

基於尊重遺囑人最終意思，及契約自由原則之所有權絕對原則，依民 1187，遺囑人不違反關於特留分之規定範圍內，得以遺囑自由處分其遺產。所謂自由處分包括遺贈指示、指定應繼分、遺產分割方式。
法定方式：要式行為 1189，單獨行為 73，遺囑生效時點 1199，遺囑能力 1186。

遺贈

遺贈是指遺囑人以遺囑方式對於他人無償給予財產之行為，遺贈亦可視為遺囑之效力之一，其與贈與不同。

為單獨行為，法定要式行為，死亡時發生效力，處分死亡後財產，不得違反特留分規定

生效時點：1199，1200

遺囑種類 1900~1905
見證人資格 1198

遺贈種類 1200，1204，1205

遺囑執行

遺囑之撤回
明示撤回 1219
法定撤回 1220，1221
廢棄(拋棄) 1222

遺贈之不生效，無效 1201，1202

(土登)
遺贈登記

（圖 8 ）

應繼分破題：（題目只要出「應繼分」題目就寫下面這段）應繼分指共同繼承時，各繼承人對「共同繼承之遺產」之「分配比率」，不僅權利分配比率，亦包括義務分配比率。應繼分分為法定應繼分及指定應繼分。

1、法定應繼分：

    a‧權利分配比率

    1141：同一順位繼承人有數人時，「按人數平均繼承」，但法律另有規定者不在此限。1144，配偶有相互繼承遺產之權，其應繼分，依左列各款定之：

    ‧與第一千一百三十八條所定第一順序之繼承人同為繼承時，其應繼分與他繼承人平均。

    ‧與第一千一百三十八條所定第二順序或第三順序之繼承人同為繼承時，其應繼分為遺產二分之一。

    ‧與第一千一百三十八條所定第四順序之繼承人同為繼承時，其應繼分為遺產三分之二。

    ‧無第一千一百三十八條所定第一順序至第四順序之繼承人時，其應繼分為遺產全部。

    b‧義務分配比例：1153（共同繼承之債務繼承），繼承人對於被繼承人之債務，以因繼承所得遺產為限，負連帶責任。繼承人相互間對於被繼承人之債務，除法律另有規定或另有約定外，按其應繼分比例負擔之。

2、指定應繼分：

1187，遺囑人「不違反關於特留分規定範圍」內，得以遺囑自由處分其遺產，被繼承人以遺囑指定共同繼承人應得遺產之分配比率，而排除法定應繼分之適用，但遺囑必須有效，且不違反特留分規定。

5.5 遺囑、特留分、遺贈登記

如圖8所示，遺囑及特留分的議題，很難脫離「指定應繼分」，換句話說只要說到應繼分，除了想到法定應繼分外，一定還要想到指定應繼分，而指定應繼分聯想的就是遺囑，依1187，遺囑不得違反關於特留分之規定，故說到遺囑就聯想到特留分；所以聰明的你，可以看出，應繼分中的「指定應繼分」、「遺囑」及「特留分」三者可稱為出題的金三角，考生不可不慎！

而遺贈常與債權篇中的贈與做比較；另外，和遺囑之間比較有關聯的是生效時點，遺囑的撤回，以及遺囑廢棄時遺贈的效力（生不生效的問題）。

有圖有真相，看圖是不是比看一堆文字敘述要快很多呢？筆者建議考生做筆記練習時把土登的遺贈登記擺在民法遺贈後面。（聽話！照做絕對有好處的）。

遺囑

Q、何謂遺囑？ 98、99年考有立遺囑及未立遺囑時何人繼承？

答：

破題：基於尊重遺囑人最終意思，及契約自由原則之所有權絕對原則，依民1187，遺囑人不違反關於特留分之規定範圍內，得以遺囑自由處分其遺產。所謂自由處分包括遺贈指示、指定應繼分、遺產分割方式。不發生法律效力之遺囑非民法規範，如國父遺囑、父母交待。

1、為「法定」要式行為：遺囑種類有，民1189，（口訣：自、公、封、筆、口）

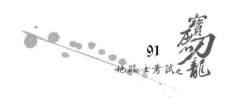

2、民1186，無行為能力人，不得為遺囑。限制行為能力人，無須經法定代理人之允許，得為遺囑。但未滿十六歲者不得為遺囑。

3、民71……民73……無效。

4、為無須向特定人為之「單獨行為」。

5、遺囑「生效時點」：依民1199：遺囑自遺囑人死亡時發生效力。

Q、遺囑類型有那些？（1189~1198）

答：依民1189遺囑應依左列方式之一為之（口訣：自、公、封、筆、口）：自書遺囑、公證遺囑、密封遺囑、代筆遺囑、口授遺囑。

1、自書遺囑：1190者，應自書遺囑全文，記明年、月、日，並親自簽名；如有增減、塗改，應註明增減、塗改之處所及字數，另行簽名。

2、公證遺囑：1191，應指定二人以上之見證人，在公證人前口述遺囑意旨，由公證人筆記、宣讀、講解，經遺囑人認可後，記明年、月、日，由公證人、見證人及遺囑人同行簽名：遺囑人不能簽名者，由公證人將其事由記明，使按指印代之。前項所定公證人之職務，在無公證人之地，得由法院書記官行之，僑民在中華民國領事駐在地為遺囑時，得由領事行之。

密封遺囑1192，應於遺囑上簽名後，將其密封，於封縫處簽名，指定二人以上之見證人，向公證人提出，陳述其為自己之遺囑，如非本人自寫，並陳述繕寫人之姓名、住所，由公證人於封面記明該遺囑提出之年、月、日及遺囑人所為之陳述，與遺囑人及見證人同行簽名。前條第二項之規定，於前項情形準用之。

3、密封遺囑：1193，不具備前條所定之方式，而具備第

一千一百九十條所定自書遺囑之方式者，有自書遺囑之效力。

　　4、代筆遺囑：1194，由遺囑人指定三人以上之見證人，由遺囑人口述遺囑意旨，使見證人中之一人筆記、宣讀、講解，經遺囑人認可後，記明年、月、日及代筆人之姓名，由見證人全體及遺囑人同行簽名，遺囑人不能簽名者，應按指印代之。

　　5、口授遺囑：遺囑人因生命危急或其他特殊情形，不能依其他方式為遺囑者，得依左列方式之一為口授遺囑：

　　　a‧由遺囑人指定二人以上之見證人，並口授遺囑意旨，由見證人中之一人，將該遺囑意旨，據實作成筆記，並記明年、月、日，與其他見證人同行簽名。

　　　b‧由遺囑人指定二人以上之見證人，並口述遺囑意旨、遺囑人姓名及年、月、日，由見證人全體口述遺囑之為真正及見證人姓名，全部予以錄音，將錄音帶當場密封，並記明年、月、日，由見證人全體在封縫處同行簽名。

　　　c‧1196，口授遺囑，自遺囑人能依其他方式為遺囑之時起，經過三個月失其效力。

　　　d‧1197，口授遺囑，應由見證人中之一人或利害關係人，於為遺囑人死亡後三個月內，提經親屬會議認定其真偽，對於親屬會議之認定如有異議，得聲請法院判定之。

　　　e‧1198，下列之人，不得為遺囑見證人：

　　　未成年人。受監護或輔助宣告之人。繼承人及其配偶或其直系血親。受遺贈人及其配偶或其直系血親。為公證人或代行公證職務人之同居人助理人或受僱人。

特留分

Q、何謂特留分？

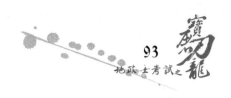

Q、特留分遭遺贈侵害時？如何救濟？效力為何？

答：破題（遺囑之破題）＋指定應繼分＋謂特留分者，乃為保護繼承人受遺囑影響，而特別保留一定比例之遺產亦稱為繼承人最低限度之應繼分。

Q、特留分如何計算？

答：

　　1、依民1124：特留分依1173算定應繼財產中，除去債務額算定之。即特種贈與須於繼承開始時，加入被繼人所有財產中計算。

　　2、特留分比例：民1223，繼承人之特留分，依左列各款之規定：

- 直系血親卑親屬之特留分，為其應繼分二分之一。
- 父母之特留分，為其應繼分二分之一。
- 配偶之特留分，為其應繼分二分之一。
- 兄弟姊妹之特留分，為其應繼分三分之一。
- 祖父母之特留分，為其應繼分三分之一。

Q、特留分之扣減及其效力？特留分受侵害時，如何救濟？

答：依民1225，因被繼承人所為遺贈致得特留分之人應得之數不足者，得按其不足之數，自遺贈財產扣減之（此扣減權為形成權）。受遺贈人有數人時應按其所得遺贈額比例扣減。（1173之特種贈與之歸扣不為1225扣減範圍內。）

遺囑撤回與廢棄

　　破題：謂遺囑人對其所為有效之遺囑，使其將來不生效力之行

為，因係在遺囑發生效力之前，故可由遺囑人自由撤回，無須法定原因。

Q、遺囑撤回之方式

答：

1、明示撤回：依民1219，遺囑人得隨時依遺囑方式撤回全部或一部。為確保撤回乃基於遺囑人之本意，須依1189法定方式之遺囑。

2、法定撤回：亦稱「視為撤回」，乃基於法律規定，一定事實存在時，不問遺囑人之真意，縱無意撤回真意亦不能舉證推翻。

　　a·前與後遺囑相抵觸：依1220、抵觸部分、前遺囑視為撤回。

　　b·前遺囑與後行為相抵觸：依1221……遺囑視為撤回。

　　c·遺囑之廢棄（拋棄）依民1222，遺囑人故意破毀或塗銷或記明廢棄意思，遺囑視為撤回。

Q、遺囑之執行（1208~1218）

答：

1、遺囑之提示及開視：

　　a·提示：1212，遺囑保管人，知有繼承開始之事實時，應即將遺囑提示於親屬會議。無保管人而由繼承人發見遺囑者亦同。

　　b·開視：1213，有封緘之遺囑，非在親屬會議當場或法院公證處，不得開視。前項遺囑開視時，應製作記錄，記明遺囑之封緘有無毀損情形，或其他特別情事，並由在場之人同行簽名。

2、遺囑執行人之產生：

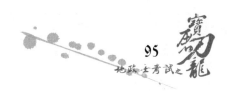

a‧依1209，遺囑人得以遺囑指定遺囑執行人，或委託他人指定之。受前項委託者，應即指定遺囑執行人，並通知繼承人。

b‧依1211，遺囑未指定遺囑執行人，並未委託他人指定者，得由親屬會議選定之，不能由親屬會議選定時，得由利害關係人聲請法院指定之。

3、依1210，遺囑執行人之資格：未成年人及禁治產人，不得為遺囑執行人。

4、遺囑執行人之職務：

a.依1214，編製遺產清冊：遺囑執行人就職後，於遺囑有關之財產，如有編製清冊之必要時，應即編製遺產清冊，交付繼承人。

b‧依1215，管理遺產：遺囑執行人有管理遺產並為執行上必要行為之職務。遺囑執行人因前項職務所為之行為，視為繼承人之代理。

5、遺囑執行人之執行：

a‧依1216，繼承人不得處分及妨礙：繼承人於遺囑執行人執行職務中，不得處分與遺囑有關之遺產，並不得妨礙其職務之執行。

b‧依1217，數遺囑執行人之執行方法：遺囑執行人有數人時，其執行職務，以過半數決之。但遺囑另有意思表示者，從其意思。

6、遺囑執行人之解任：

依1218，遺囑執行人怠於執行職務，或有其他重大事由時，利害關係人得請求親屬會議改選他人。其由法院指定者，得聲請法院另行指定。

遺贈與遺贈登記

　　筆者在此把民法的遺贈併入到土地登記的遺贈登記裡，主要原因在於民法這科單純只考遺贈的機率不高，因為出題的金三角在於指定應繼分，遺囑與特留分的關係上，而遺贈主要注意的部分有遺贈與一般贈與不同，跟遺囑有關，亦可視為遺囑的效力之一，其土登對遺贈的登記出題機率較高之緣故。

　　遺贈破題：遺贈是指遺囑人以遺囑方式對於他人無償給予財產之行為，遺贈亦可視為遺囑之效力之一，其與贈與不同之處如下。

　　1、贈與：贈與契約須雙方同意，無須履行一定方式，契約成立時生效，與特留分無關，贈與人處分其生前財產。

　　2、遺贈：單方行為，免受遺贈人同意，必以遺囑為之，遺囑人死亡時生效，不得侵害法定特留分規定，遺囑為遺囑人處分其死後財產行為。

　　3、受遺贈權喪失：1188，第一千一百四十五條喪失繼承權之規定，於受遺贈人準用之。

Q、遺贈之生效及其效力？

答：

　　1199：自遺囑人死亡時，遺囑發生效力。

　　1200：遺囑所定之遺贈，附有停止條件，自條件成就時發生效力。

Q、遺贈不生效力與無效？

答：

　　1201：受遺贈人於遺囑發生效力前死亡，其遺贈不生效力

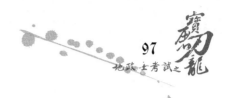

1202：遺囑人以一定財產為遺贈，而其財產在繼承開始時，有一部不屬遺產者→其一部遺贈無效，全部不屬遺產者→其全部遺贈無效，遺囑另有意思表示者，從其意思。

1208：無效時，遺贈之財產仍屬遺產。

Q、遺贈種類有？

答：

1、附條件之遺贈：1200，遺囑所定遺贈，附有停止條件者，自條件成就時發生效力。

2、用益遺贈：1204，以遺產使用、收益為遺贈，而遺囑未定返還期限，不能依性質定期限者，以受遺贈人終身為期限。

3、附有負擔之遺贈：1205，遺贈附有義務者受遺贈人以其所受利益為限，負履行之責。

Q、遺贈的法律效力為何？遺贈對債權效力為何？

答：

1、遺贈標的物之推定（物上代位之推定）：1203，遺囑人因遺贈物滅失、毀損、變造、或喪失物之占有，而對於他人取得權利時，推定以其權利為遺贈；

2、標的物轉換：1203，因遺贈物與他物附合或混合而對於所附合或混合之物取得權利時亦同。

3、遺贈之承認（催告及擬制）：1207，繼承人或其他利害關係人，得定相當期限，請求受贈人於期限內為承認遺贈與否之表示，期限屆滿尚無表示者，視為承認遺贈遺贈之拋棄。

4、遺贈之拋棄：1206受遺贈人於「遺囑人死亡後」得拋棄遺

贈，遺贈之拋棄溯及「遺囑人死亡時」發生效力。

Q、遺贈登記？（屬於土地登記實務出題範圍）

答：

1、套用7.1章節土登各論：破題公式及萬用解答（口訣：已因致應向）。

2、「已」辦竣總登記之土地與建物，依土72，土地總登記後，土地權利有移轉、分割、合併、設定、增減或消滅時，應為變更登記。（口訣：姨分合設真笑）。

「因」登記名義人死亡前，預先立於死之後，無償移轉土地權利權利予法定繼承人以外第三人之遺囑。於登記名義人死亡後，「致」權利主體發生變更，「應」辦畢繼承登記或遺囑執行人登記或遺產管理人登記後由受遺贈人會同繼承人或遺囑執行人或遺產管理人，「向」登機辦移轉土地權利登記。

3、依登123，受遺贈人，申請遺贈之土地所有權移轉登記？應先由繼承人辦畢繼承登記後，由繼承人會同受遺囑人申請之。

　　a‧如遺囑另有指定遺囑執行人？應於辦畢遺囑執行人及繼承登記後，由遺囑執行人會同受遺贈人申請。

　　b‧繼承人因故不能管理遺產亦無遺囑執行人時？應於辦畢遺產清理人及繼承登記後，由遺清清理人會同受遺贈人申請。

　　c‧無繼承人或繼承人有無不明時？應辦畢遺產管理人登記後，由遺產管理人會同受贈人申請之。

4、應提出文件：

　　a‧登35（6），遺產管理人登記及遺產清理人登記免提出所有權狀及他項證明書。

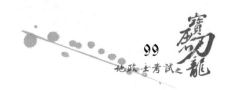

b·登122，遺產管理人就管理土地，申請遺產管理人登記時，應提出親屬會議選任或法院選任之證明文件。

c·登122-1，遺產清理人就管理土地，申請遺產清理人登記時，應提出法院選任之證明文件。

第六章

若即若離的民法總則篇

　　民法總則往往是貫穿整個地政士考試的靈魂，以往的考古題總是有不少單獨（純屬）總則的題目拿出來考，但隨著時代演進，總則的概念卻被分配到四題申論題中；意即每題裡都有總則的影子，考生也都可在答案中發揮總則的議題。一言以畢之，總則很重要，在民法概要這科作答時，我們都要小心的從題目當中尋找是否有總則的黑影，考生們這時務必「看到黑影就開槍」，即便只是單發點放也好，這樣答案才能完善週全。

　　民法總則所探討的就是3部分，「權利主體」、「權利客體」及「權利的變動」，而權利變動又是透過了3個部分而完成，那就是法律行為、期日期間，以及時效制度。

　　若純考總則的題目，法律行為裡5種規定是最常出現的，不過近年來又被老師們做成「瀨尿牛丸」供大家享用就是了。原則上總則並沒有直接與其他議題發生明顯的關聯性，但卻又在所有議題裡，處處是他的身影（黑影），例如物權編中的時效取得及土登的主張時效取得登記，其源頭就來自總則裡的權利變動的時效制度，又如法律行為中的代理，其相關規定又和債權篇中的「代理權讓與」如影隨行，故建議考生在整理總則的筆記時，除依循筆者的架構外，還是希望你要不斷留意，考題內容有與總則有關係者，都不要放過（建立起關聯性），對你申論是有幫助的。

6.1 權利主體與權利客體

總則(破題)

民法，乃規範民事上，人民間權利義務之法律，亦是規範權利主體（自然人、法人）與權利客體（物及權利）間權利變動、發生、消滅之法律，民法共分為 5 篇，除總則外，有以經濟活動為基礎之財產權（物、債權），亦有以人倫次序為考量之身分權（親屬、繼承）；民法發展演進？

1.所有權絕對過渡所有權社會化。

2.契約自由→締結自由。

3.內容限制過失責任→無過失責任。

> 若純考民法概念題
> (近年命題機率不大)
> 就直接寫這段

權利主體

分為自然人與法人(法人請自行整理)

權利能力：出生死亡

監護，輔助宣告：

住所：
意定，法定，擬制

權力行使：148
正當：149
緊急：150

權利客體

「物」(人人滿有)乃為權利客體，指法律上之物或能做為權利客體之物。
民法定義物之條件為人體以外，人力所能支配，滿足人類生活之所需，有體物及自然力。

1. 動不動：66，67，±5
2. 主從：68
3. 原物孳息：69，70

權利變動 x3

法律行為
(人，物，表示)

五虎將

行為能力

意思表示

代理

無效撤銷

條件期限

> 與債權篇中代理權讓與一起整理

期日期間
119~124

時效制度

一定事實，經過一定時間，產生一定法律效果
制度理由？
取得時效
消滅時效：
時效中斷
時效不完成
完成後之效力

> 取得時效與物權篇的所有權有關
> 消滅時效完成與抵押權有關

(圖 9)

看圖說故事
叔大扮！
(start)

　　破題：民法，乃規範民事上，人民間權利義務之法律，亦是規範權利主體（自然人、法人）與權利客體（物及權利）間權利變動、發生、消滅之法律，民法共分為5篇，除總則外，有以經濟活動為基礎之財產權（物、債權），亦有以人倫次序為考量之身分權（親屬、繼承）；民法發展演進？1、所有權絕對過渡到所有權社會化。2、契約自由→締結自由，3、內容限制過失責任→無過失責任。

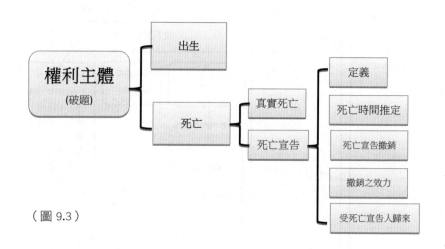

（圖 9.3）

權利主體（自然人及法人）

Q、自然人權利能力？

答：（破題）權利能力乃是權利主體享受權利，負擔義務之能力。權利主體為自然人及法人。民16，權利能力及行為能力，不得拋棄。民17，自由不得拋棄。所以權利能力、行為能力、自由三者為構成人格權基礎與生俱者不得拋棄，並受法律之保護。

　　自然人之權利能力：依民6，始於出生，終於死亡。

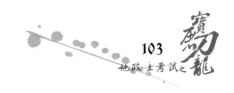

1、出生：採與母體脫離，獨立呼吸說（不問脫離方法，不問呼吸時間長短）。

民7，胎兒以將來非死產者為限，關於其個人利益之保護視為即已出生，對於胎兒之不利益應不予保護並予以排除。若將來胎兒為死產者，權利能力溯及消滅。

2、死亡：

　　a.真實死亡：採腦波停止說（不問自然或非自然死亡），民1147，繼承自被繼承人死亡而開始。

　　b.死亡宣告：自然人失蹤（離去其住所，生死不明狀態）達一定期間（失蹤人滿7年，80歲以上滿3年，遇特別災難，終止後滿1年，利害關係人（配偶、債權人、身分上、財產上、利害關係人）及檢查官申請，法院為死亡宣告。

Q、死亡宣告時間之推定

答：民9，受死亡宣告者，以判決內確定死亡之時推定其為死亡；民11，二人以上同時遇難，不能證明其死亡先後，推定其為同時死亡。

Q、死亡宣告之撤銷

答：死亡宣告制度在於結束以失蹤人之住所為中心之法律關係，而非剝奪其權利能力，受死亡宣告人若實際生存於他處，其權利能力及公法上之權利不因此而受影響。受死亡宣告人歸來：死亡宣告不因此而失效，須本人、配偶、檢官聲請撤銷死宣撤銷效力！回復其身分上、財產上之權利。撤銷前善意行為不受影響，取得財產者於現受利益範圍內負有返還責任。

Q、請說明民法定義之住所？

答：乃為決定自然人失蹤標準、決定債務清償標準、審判籍標準、書狀送達處所分為：

1、意定住所：依一定事實足認以久住之意思，住於一定區域，即為設定住所於該地，一人同時不得有兩住所，依一定事實足以認以廢止之意思，離去其住所者，即為廢止其住所。

2、法定住所：無、限行為能力人，以其法定代理人之住所為住所。民1060，未成年子女，以其父母住所為住所。

3、擬制住所：民22，住所無可考，於我國無住所者→以其居所為住所；23，特定行為選定居所者，關於其行為，視為住所（例如經商者）。

Q、說明民法第1條之意義？（口訣：法習理）

答：民1，法律未規定，依習慣、無習慣依法理。

1、所謂習慣指長期在社會上反覆實施之同一行為，一般人確信其具有法之效力者。

2、所謂法理指法學之一定道理。

3、民法之規定依循之順序為：「法律，習慣，法理。」

Q、民法中對於簽名蓋章之效力？

答：民3，依法律規定，有使用文字必要者，得不由本人自寫，但必須簽自簽名。如有用印章代替簽名者，其蓋章與簽名生同等效力。以指印；十字或其他符號代簽名者，在文件上，經二人簽名證明，亦與簽名生同等效力。

Q、民法中對於文字與數字之規定?

答:

1、民4,關於一定之數量,同時以文字及號碼表示者,其文字與號碼有不符合時,如法院不能決定何者為當事人之原意,應以文字為準。(文字較為慎重)

2、民5,關於一定之數量,以文字或號碼為數次之表示者,其表示有不符合時,如法院不能決定何者為當事人之原意,應以最低額為準。(保護債務人)

3、探求當事人原意:對於意思表示,法院應先詢問當事人之原意→98,解釋意思表示,應探求當事人之真意,不得拘泥於所用之辭句。

Q、監護宣告?(民14)

答:

1、監護宣告之原因:

 a‧因「精神障礙」或「心智缺陷」。

 b‧不能為意思表示或受意思表示。

 c‧或不能辨識其意思表示之效果者。

2、得聲請監護宣告之人:本人、配偶、四親等內之親屬、最近一年有同居事實之其他親屬、檢察官、主管機關、社會福利機構。

3、受監護原因消滅之作為:法院應依聲請,撤銷其宣告。

4、對於撤銷監護宣告之聲請,認為未達回復之程度:法為得為「輔助之宣告」。

5、受監護之原因消滅,而仍有輔助之必要:法為得變更為「輔助之宣告」。

6、民15，受監護宣告之人，無行為能力。

Q、監護人對受監護人之財產處分之規定？（口訣：非利益不得用，非法院不生效）

答：1101，監護人對於受監護人之財產，非為受監護人之利益，不得使用、代為或同意處分。

監護人為下列行為，非經法院許可，不生效力：

a·代理受監護人購置或處分不動產。

b·代理受監護人，就供其居住之建築物或其基地出租、供他人使用或終止租賃。

監護人不得以受監護人之財產為投資。但購買公債、國庫券、中央銀行儲蓄券、金融債券、可轉讓定期存單、金融機構承兌匯票或保證商業本票，不在此限。

Q、輔助宣告？（民15-1）

答：

1、輔助宣告之原因：

a·因「精神障礙」或其他「心智缺陷」。

b·為意思表示或受意思表示之「能力」，顯有「不足」。

c·或辨識其意思表示效果之「能力」，顯有「不足」。

2、得聲請輔助宣告之人：

本人。配偶。四親等內之親屬。最近一年有同居事實之其他親屬。檢察官。主管機關。社會福利機構。

3、受輔助原因消滅後之作為：法院應依聲請，撤銷其宣告。

4、受輔助宣告之人有受監護之必要：監護宣告之轉換法院得

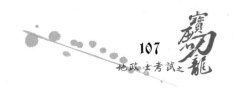

變更為監護之宣告。

Q、受輔助宣告後的法律效果？（民15-2）

答：

1、受輔助宣告之人免經「輔助人」「同意」之法律行為：

a·純獲法律上利益。

b·依其年齡及身分、日常生活所必需者。

2、受輔助宣告之人為「下列行為」時，應經「輔助人」「同意」：

a·為獨資、合夥營業或為法人之負責人。

b·為消費借貸、消費寄託、保證、贈與或信託。

c·為訴訟行為。

d·為和解、調解、調處或簽訂仲裁契約。

e·為不動產、船舶、航空器、汽車或其他重要財產之處分、設定負擔、買賣、租貸賃或借貸。

f·為遺產分割、遺贈、拋棄繼承權或其他相關權利。

g·法院前依前條聲請權人或輔助人之聲請，所指定之其他行為。

3、前述行為，無損害受輔助宣告人利益之虞，輔助人仍不為同意之處理，受輔助宣告之人得逕行聲請法院許可後為之。

權利行使

Q、說明民法對於權利行使有何規定？（口訣：顧公益，誠實信用，自衛，自助）

答：

1、權利之行使非絕對自由，應顧及公益。

2、誠實信用原則：民148，不得違反公共利益，不得損害他人為目的，行使權利履行義務，應以誠實信用原則，誠實信用原則為民事關係之基本最高指導原則，違反誠實信用原則，不生行使權利履行義務效力

3、自衛行為：為維護自己或他人權利。

 a·正當防衛：民149，對於現行不法侵害，為防衛自己或他人權利所為之行為，不負損害賠償責任。逾越必要程度，仍負損賠責任。

 b·緊急避難：民150，避免自己或他人生命、身體、自由、財產上急迫危險所為之行為，不負損賠責任。如行為人有責任者，仍負損賠責任

4、自助行為：為維護自己權利之暫時性保全手段。

 a·民151，為保護自己權利、對他人之自由或財產施以拘束、押收、毀損之行為不負損賠責任。（但應「即時向法院聲請處理」）

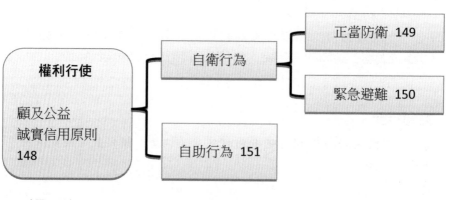

（圖 9.1）

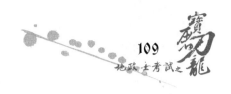

權利客體（物、權利）

破題：（口訣：人人滿有）

「物」乃為權利客體，指法律上之物或能做為權利客體之物。

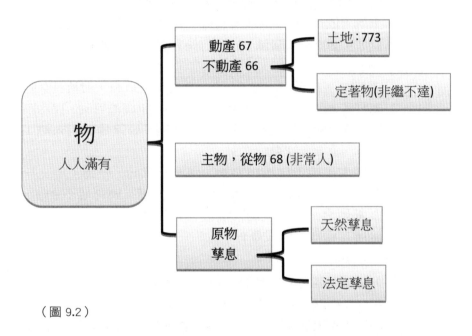

（圖 9.2）

民法定義物之條件為人體以外，人力所能支配，滿足人類生活之所需，有體物及自然力。義肢與人體分離即恢復其物之性質。日月星辰非一般人所能支配，一粒米一粒沙無法滿足人類生活，不以有體物為必要，含人類所能支配之自然力。

Q、民法中對於物的分類？

答：

1、動產、不動產：

a·民67，稱動產者，為不動產以外之物。

b·民66，稱不動產者，謂土地及其定著物。

・土地：依民773，土地所有權，除法令限制外（法令限制指774~800相鄰關係）於其行使利益範圍內及於土地之上下。

・定著物（口訣：非繼不達）：非土地之成分，繼續長久附著於土地，不易變更其位置，達到一定經濟目的。民法所稱定著物與是否建築管理規定無關，故違建與尚未竣工房屋，亦為定著物。

・在他人土地上種植出產物，尚未分離前，亦為土地之一部分，果實自落鄰地，與原土地分離而又與鄰地不分離，為鄰地之一部分。例外情形：附著於土地之礦，不因土地所有權取得而成私有。

2、主物、從物：

a·主物為主要且能單獨發生效用之物。

b·民68（口訣：非常人），稱從物者，非主物之成分，常助主物之效用而同屬一人，為從物。但交易上有特別習慣者，依其習慣（主物之處分及於從物）。

3、原物、孳息：

a·原物：為產生孳息之物。

b·孳息：為原物產生之收益。

c·69，稱天然孳息者，謂果實、動物之產物及其他依物之用法所收穫之出產物。稱法定孳息者，謂利息、租金及其他因法律關係所得之收益。

d·70，有收取天然孳息權利之人，其權利存續期間內，取得

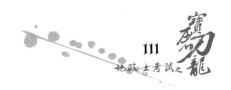

與原物分離之孳息。有收取法定孳息權利之人,按其權利存續期間內之日數,取得其孳息。

6.2 三個權利變動

我們走完權利主體(人)及權利客體(物)之後,接下來總則中最常混滲到考題裡去的就是「權利變動」。權利會發生變動是透過3個部分來完成的(回顧一下圖9),即法律行為,期日期間及時效制度。

法律行為

破題:表意人將其內心期望發生一定私法上效果之意思,表示於外部之行為,如契約、移轉所有權,設定抵押權、拋棄。

1、法律行為成立要件(口訣:人、物、表示):當事人、標的物、意思表示。

2、特別成立要件,如「要式行為」,須踐行一定方式,例如不動產租賃之書面。

「要物行為」,須踐行物之交付,例如借貸。

3、法律行為生效要件:

　　a‧當事人須有權利能力、行為能力。

　　b‧標的物須適法、可能、確定、妥當。

　　c‧意思表示須健全無瑕疵。

4、特別生效要件:

　　a‧如附條件於成就,附期限於屆滿時發生效力。

　　b‧遺囑或遺贈行為,須於遺囑人死亡生效。

　　c · 處分行為須以當事人有處分權為必要，否則成為無權處分。

Q、法律行為無效？（口訣：強公不依暴利）

答：

　　1、民71，法律行為，違反「強」制或禁止之規定者，無效。但其規定並不以之為無效者，不在此限。

　　2、民72，法律行為，有背於「公」共秩序或善良風俗者，無效。

　　3、民73，法律行為，「不依」法定方式者，無效。但法律另有規定者，不在此限。

　　4、「暴利」行為得以撤銷：民74，法律行為，係乘他人之急迫、輕率或無經驗，使其為財產上之給付或為給付之約定，依當時情形顯失公平者，法院得因利害關係人之聲請，撤銷其法律行為或減輕其給付。前項聲請，應於法律行為後一年內為之。

Q、準法律行為，其效果類推適用法律行為之規定？（口訣：意觀感）

答：（破題）不論表意人內心是否意欲發生一定之法律效果，法律上均使其直接發生某種效果，此乃基於法律規定，非表意人的表示行為。

　　1、「意」思表示80、155。

　　2、「觀」念通知51、297。

　　3、「感」情表示1053、1145。

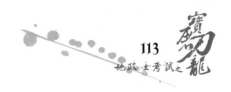

Q、事實行為？

答：不以表現內心意思為必要，而是因事實上之動作而發生一定法律效果之行為。如無主物先占802，遺失物捨得803、804，埋藏物發現808、加工814，無因管理172，侵權行為184。

期日、期間（口訣：期日點、期間線，期日固定無彈、期間始終有彈）

　　此部分僅規定5條，民法總則透過單純5條條文，要告訴我們什麼？

　　119，法令、審判或法律行為所定之期日及期間，除有特別訂定外，其計算依本章之規定。

　　122，於一定期日或期間內，應為意思表示或給付者，其期日或其期間之末日，為星期日、紀念日或其他休息日時，以其休息日之次日代之。

　　1、期日：為不可分割之整體，為「點」的概念，其固定無彈性。

　　　　a‧起算點：120，以時定期間者，即時起算。以日、星期、月或年定期間者，其始日不算入。124年齡自出生之日起算。出生之月、日無從確定時，推定其為七月一日出生。知其出生之月，而不知出生之日者，推定其為該月十五日出生。

　　　　b‧終止點：121，以日、星期、月或年定期間者，以期間末日之終止，為期間之終止。期間不以星期、月或年之始日起算者，以最後之星期、月或年與起算日相當日之前一日，為期間之末日。但以月或年定期間，於最後之月，無相當日者，以其月之末日，為期間之末日。

2、期間：可確定一定範圍內之時段，以區間方式界定時段，屬於「線」的概念，有始點與終點概念，具有彈性。

    a·連續計算者：123，稱月或年者，依曆計算。月或年非連續計算者，每月為三十日，每年為三百六十五日。

    b·不連續計算者：123、稱月或年者，依曆計算。月或年非連續計算者，每月為三十日，每年為三百六十五日。124，年齡自出生之日起算。出生之月、日無從確定時，推定其為七月一日出生。知其出生之月，而不知出生之日者，推定其為該月十五日出生。

時效制度（此部分併入土登的時效取得登記）

6.3 法律行為中的「五虎將」

行為能力

（口訣：獨立意表、權行不得拋、自由不得拋、年齡主、精神輔）

題目只要出關於自然人的行為能力，開頭就寫以下這段破題：「權利主體以其獨立之意思表示，使其行為發生法律效果之資格。民16，權利能力及行為能力，不得拋棄。兩者乃為人格權的基礎與生俱有，並受法律保護，民17，自由不得拋。我國行為能力之規定，以年齡為主要考量，並輔以精神狀態。民12、13指財產上之行為能力。身分上行為能力指訂婚、結婚、遺囑能力。」

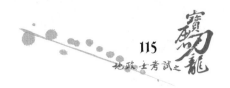

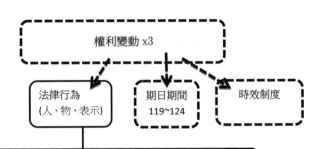

權利變動 x3

法律行為
(人、物、表示)

期日期間
119~124

時效制度

行為能力	意思表示	代理	無效撤銷	條件期限
75~85 獨立意表、權行不得拋、自由不得拋、年齡主、精神輔 完全： 無：75、76 限制：77、78、79	86~98 表意人內心欲發生一定法律效果為目的，表現於外之行為。意思表示為法律行為之基礎。 對話： 94 非對話： 95、96、97 不自由 92、93 不一致 故意：86、87	103~110 司法自治擴張與補充。 民103。 有獨立性、有因性、非要式性。 要件、限制？ 效力？ 無權代理？ 表見代理 169 狹義無權代理	111~118 有效法律行為有3。 反之皆為不完全之法律行為。 效力未定： 承認 115 拒絕 116 117 無權處分 118 得撤銷： 無效： 一部 111 轉換 112 當事人責任 113	99~102 不確定成就與否。 法律行為支附款。 法律效力之生滅。100 不許附條件者？ 不許附期限者？ 條件： 停止條件 99 解除條件 擬制成就 101 期限： 始期 終期

與債權篇中代理權讓與一起整理

無權代理 vs 無權處分
超愛考！

（圖 10）

Q、行為能力之分類？（口訣：完全、無、限制）

答：

1、完全之行為能力：年滿20歲之成年人或「未成年已結婚者且未受監護人及輔助宣告之人」，其法律行為具有效力。

2、無行為能力：未滿7歲之未成年人或受監護宣告者

　　a・75，雖無行為能力，其意思表示係在無意識或精神錯亂中所為者亦同。無行為能力人之意思表示無效（物理上，人受脅迫之意表，其表意人適用）

　　b・76，無行為能力人由法代人代為及代受意思表示。

　　c・無行為能力人：法律行為無效（如契約行為，單獨行為）事實行為有效（如無主物之先占）。

3、限制行為能力：滿7歲未滿20歲之未成年人且未結婚之人，受輔助宣告之人。

　　a・原則：77，應得法代人事前允許，事後承認，始生效力。

　　例外有效：77但，純獲法律上利益或依其年齡、身分、日常生活所需不在此限。強制有效：無須法代人允許而具效力者：1186：滿16歲以上立遺囑。83，使用詐術……。84，法代人允許限制行為能力人處分之財產……。85，法代人允許限制行為能力人獨立營業者……。

　　b・限制行為能力人單獨行為無效。

　　c・所訂立契約由法代人承認始生效力。

　　d・訂立契約之相對人：80，催告權：得定一個月以期限……。82，撤回權：未經承認前，相對人得……。限制行為能力人於限制原因消滅後：81，限制行為能力人於限制原因消滅後，承認其所訂立之契約者，其承認與法定代理人之承認，有同一效力。

前條規定，於前項情形準用之。

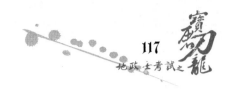

意思表示

（圖 10.1）

Q、何謂意思表示？

答：（破題）意思表示乃表意人內心欲發生一定法律效果為目的，表現於外之行為。權利之變動透過法律行為，時效制度及期日期間三者而生。而意思表示為法律行為之基礎。意思表示規定於民法86~98條。意思表示之重要性，依民98，「解釋」意思表示，應採求當事人之本意，不得拘泥於所用辭句。

Q、意思表示種類有那些？其法律效果為何？（口訣：對話，非對話，不自由，不一致）

Q、何謂意思表示不自由？何謂意思表示不一致？其撤銷權行使時效為何？

答：

　　1、對話之意思表示：依94，以相對人了解時發生效力。

　　2、非對話之意思表示：依95，以「通知達到相對人時」發生效

力，但撤回之通知，同時或先時到達者，不在此限。

    a·表意人於發出通知後死亡？或喪失行為能力或行為能力受限制，其意思表示並未失效。

    b·向無行為能力或限制行為能力人為意思表示者？依96，以其通知達到其法定代理人時發生效力。

    c·表意人非因自己之過失，不知相對人之姓名，居所者？依97，得依民事訴訟法公示送達之規定以公示送達為意表通知。

3、意思表示不自由：92，因詐欺或脅迫而為意思表示者，表意人得撤銷其意思表示，但詐欺係由第三人所為者，以相對人明知或可得而知者為限，始得撤銷，其撤銷不得對抗善意第三人。第三人所為之詐欺？例如：甲擁有鐵衫，乙詐欺丙為檜木、致丙向甲購買，丙為表意購買人，其是否得撤銷？相對人甲明知或可得而知，則丙「得撤銷」。相對人甲不知丙受詐欺，則丙「不得撤銷」。

    a·受詐欺：有要詐欺行為，要有詐欺故意，表意人因詐欺而為錯誤意表。

    b·受脅迫：要有脅迫行為，要有脅迫故意，表意人因脅迫發生恐懼而為意表。脅迫者不論何人所為皆得撤銷，且得對抗善意第三人，心理上脅迫得撤銷，物理上脅迫，適用民75，無行為能力人之意思表示，無效；雖非無行為能力人，而其意思表示，係在無意識或精神錯亂中所為者亦同。

    c·93，發生詐欺或脅迫終止後「一年內」為之，但自意思表示「後10年」不得撤銷意表。

4、意思表示不一致：

    a·故意不一致：

    ·單獨虛偽之意思表示（真意保留）：民86，表意人無欲為

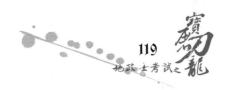

其意思表示所拘束，而為意思表示者，其意表不因之無效，但其情形為相對人所明知者，不在此限。（會和民244—起考）

- 通謀虛偽之意思表示：民87，表意人與相對人通謀而為虛偽意思表示者，其意表無效，但不得以其無效對抗善意第三人。例如：甲脫產串通財產後於乙，乙又將財產賣給善意丙，丙受法律保護。

- 隱藏行為：隱藏行為之意義為何？法律效果為何？虛偽之意表，隱藏他項法律行為者，適用關於該項法律行為之規定。例如：父以買賣方式將財產過於兒，實際上是贈與，但適用贈與之法律關係。

b．偶然不一致：

- 內容錯誤：民88，表示「內容錯誤」，或表意人若知其事情即不為意表者，表意人得撤銷之，但以其錯誤或不知事情，非由表意人自己過失者為限。當事人之資格或物之性質，若交易上認為重要者，其錯誤，視為意思表示內容錯誤。

- 傳達錯誤：民89，因傳達人或傳達機關傳達不實者，得比照88撤銷之。

- 民90：88、89之撤銷權自意思表示後經過一年而消滅。

。民91：88、89撤銷意表時，表意人對信其意表為有效而受損害之相對人或第三人應負賠償責任，但其撤銷原因，受害人明知或可得而知者，不在此限。

代理

Q、代理權之意義為何？限制為何？要件為何？

答：（破題）代理權乃是私法自治的擴張與補充。發生原因有基於

法律規定之法定代理人，亦有基於本人授權之意定代理人。具有獨立性、有因性、非要式性，唯不動產之代理行為，須以書面為之。代理制度規範於民法總則103~110條及債權篇167~171條。代理權之讓與亦為債之發生原因之一。依民法103條：代理人於代理權限內，以本人名義所為之意思表示，直接對本人發生效力（不對代理人發生效力）；應向本人意思表示而向代理人為之者亦同，與代理人無關。

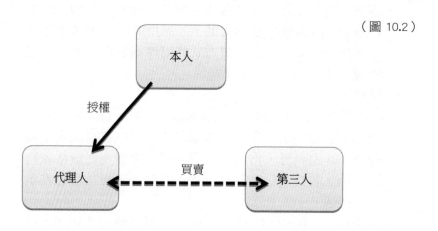

（圖 10.2）

Q、代理權之限制？

答：

　　1、僅限於法律行為：代理權實質上非權利，而是資格或地位，故非法行使行為（如侵權行為、身分行為、事實行為、情之宥恕）不得代理。

　　2、代理人之能力？（96年考題）

　　法定代理→無行為能力、限制行為能力人，不得為代理人。

　　意定代理→民104，代理人所為或所受意思表示之效力，不因其為限制行為能力人而受影響。代理人是否具行為能力，由本人判

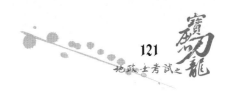

斷。

3、法定代理人之限制？監護人對受監護人財產，民1101，（口訣：非利益，不得用，非法院，不生效）監護人對於受監護人之財產，非為受監護人之利益，不得使用、代為或同意處分。監護人為下列行為，非經法院許可，不生效力：代理受監護人購置或處分不動產。代理受監護人，就供其居住之建築物或其基地出租、供他人使用或終止租賃……。（非為受監護人利益，不得使用，代為或同意處分）

4、意定代理之限制？（口訣：自己，不對，共代理）

　　a·民106，代理人非經本人之許諾，不得為本人與自己之法律行為，亦不得既為第三人之代理人，而為本人與第三人之法律行為。但其法律行為，係專履行債務者，不在此限。

　　b·民107，代理權之限制及撤回，不得以之對抗善意第三人。但第三人因過失而不知其事實者，不在此限。

　　c·民168，代理人有數人者，其代理行為應共同為之。但法律另有規定或本人另有意思表示者，不在此限。

Q、民106自己代理與雙方代理禁止與例外規定？

答：

1、自己代理之禁止：

　　a·代理人非經本人之許諾，「不得」為「本人與自己」之法律行為。

　　b·代理人經本人之許諾，「得」為「本人與自己」之法律行為。

2、「雙方代理」之禁止：

　　a‧代理人非經本人之許諾，亦不得既為第三人之代理人，而為「本人」與「第三人」之法律行為。

　　b‧代理人經本人之許諾，亦得既為第三人之代理人，而為「本人」與「第三人」之法律行為。

　　3、得進行自己代理與雙方代理之例外規定：但其法律行為，係專履行債務者，不在此限。

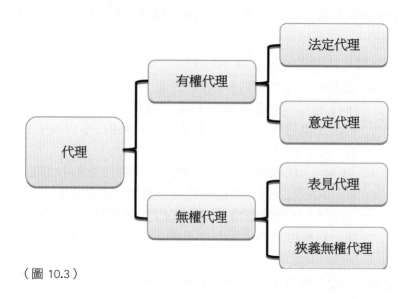

（圖 10.3）

Q、代理權限制與撤回？

答：依民107，代理權之限制及撤回，不得以之對抗善意第三人。但第三人因過失而不知其事實者，不在此限。

　　1、「代理權」之「限制」及「撤回」之對抗：不得以之對抗「善意第三人」。

　　2、「代理權」之「限制」及「撤回」得對抗善意第三人之情

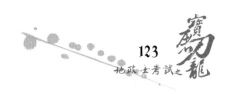

形：第三人因「過失」而不知其事實→則得以對抗。

Q、代理人行為有瑕疵？

答：民105。

1、代理人之意思表示受各種因素影影效力之決定：

因其意思欠缺、被詐欺、被脅迫、或明知其事情或可得而知其事情，致其效力受影響時，其「事實」之有無，應就「代理人」「決之」。

2、代理人之意思表示依照本人而為，其效力受影響時之決定：但代理人之代理權係以法律行為授與者，其意思表示，如依照本人所指示之意思而為時，其「事實」之有無，應就「本人」「決之」。

Q、代理之效力？

答：

1、本人與代理人間關係：

　　a·內部關係：授與代理權原因，可基於委任、僱傭、經理人、代辦人。

　　b·外部關係：有無代理權，應以外部關係有無為準。

　　c·自己代理與雙方代理禁止：民106。

　　d·代理權限制與撤回：民107（例如：甲授權乙，後甲撤回，但乙丙已立契約，則視丙有無過失）。

　　e·民167，代理權係以法律行為授與者，其授與應向代理人或向代理人對之為代理行為之第三人，以意思表示為之。（意思表示對象→向代理人為之，或向代理人相對之第三人）

　　f‧民168，代理人有數人者，其代理行為應共同為之。但法律另有規定或本人另有意思表示者，不在此限。

2、代理人與第三人間關係：

　　a‧代理人應表明本人名義。

　　b‧代理人行為有瑕疵時？代理人意思表示受影響時效力決定？

　　‧意定代理：民105，代理人之意思表示，因其意思欠缺、被詐欺、被脅迫，或明知其事情或可得而知其事情，致其效力受影響時，其事實之有無，應就代理人決之。（由於出面者為代理人而非本人，因此過程中有問題，應看代理人情形而做決定，例如：甲授權乙和丙簽約，乙受脅迫，此時契約恐生問題，根據乙是否受脅迫來決定，而不是甲）

　　‧法定代理：但代理人之代理權係以法律行為授與者，其意思表示，如依照本人所指示之意思而為時，其事實之有無，應就本人決之。（甲授權乙購屋，丙隱瞞凶宅成立契約，是否詐欺？就乙判斷，若乙基於法律關係，受甲指示，是否受詐欺？就甲判斷）

3、第三人與本人間關係：

　　a‧有權代理：法律效果歸屬本人，與代理人無關。

　　b‧無權代理：則構成無權代理，本人是否承認或是否成為表見代理方能決定其法律效果。

Q、代理權之消滅？

答：

　　1、法定代理、意定代理，代理權共同消滅原因：（口訣：本死、代死、代受監）本人死亡、代理人死亡、代理人受監護宣告成為無行為能力人。

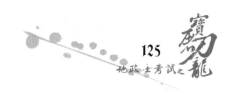

2、法定代理特別消滅原因？法律規定情形不存在（如未成年人結婚，或成年監宣撤銷、親權停止，改定監護人）

3、意定代理特別消滅原因？依其所由授與法律關係定之。

    a·依民108，代理權之消滅，依其所由授與之法律關係定之。代理權，得於其所由授與之法律關係存續中撤回之。但依該法律關係之性質不得撤回者，不在此限。（如委任、僱傭、經理、代辦關係終了）

    b·民109，代理權消滅或撤回，代理人負返還授權書之義務，不得留置。（代理行為為非要式行為，本人授權時，不以交付授權書為必要）

Q、無權代理？

答：（破題）只要出「無權代理」就寫下面這段：（代理之破題）＋（口訣：無權，撤銷，逾期）

    …………唯事實上，代理人並無代理權或代理權經撤銷或代理權已逾代理期限，即成為無權代理。無權代理人對第三人負有損害賠償責任，其行為未經本人承認，對本人不生效力，法律行為之相對人得定相當期限，催告本人確答是否承認，逾期限未確答者，視為拒絕。依行為之外觀可分為表見代理與狹義的無權代理：

Q、表見代理？（97年考題，甲刊廣告出售乙之房屋，乙見報一笑置之。不久甲將乙屋售於丙，則房屋買賣契約效力及於乙？）

答：依民169規定（口訣：自己行為，不反對，負授權責任）。

    1、由自己之行為表示以代理權授以他人：意即本人曾有行為，此行為足使第三人相信本人受與代理權於代理人（如留印鑑於他人）。

2、知他人表示為其代理人而不為反對之表示者：如甲明知乙無代理權，不但未否認，乙仍代領貨物（甲則負有授權人之責任）。

3、表見代理之效力：本人對於第三人應負授權人之責任，但第三人明知或可得而知無代理權者，不在此限。（即第三人得主張無代理權人之法律行為，其效力歸屬於本人）

Q、狹意之無權代理？甲未經乙授權，以乙名義購丙車，經乙承認使對乙發生效力？

答：所謂狹義之無權代理意即不構成表見代理之無權代理。

　　a‧相對人與本人：（口訣：承認，催告，撤回）

　　‧依民170：無代理權人以本人名義所為法律行為，非經本人承認對本人不生效力，（須本人承認，對本人始生效力）。內無代理權之授予，外無使人信賴為其代理人之外觀，其效力應為無效，唯為保護第三人致使效力未定。依民115，經承認之法律行為如無特別訂定，溯及法律行為時，發生效力。

　　*相對人催告：170Ⅱ，無代理權人以代理人之名義所為之法律行為，非經本人承認，對於本人不生效力。前項情形，法律行為之相對人，得定相當期限，催告本人確答是否承認，如本人逾期未為確答者，視為拒絕承認。

　　　　‧相對人撤回權：171，無代理權人所為之法律行為，其相對人於本人未承認前，得撤回之。但為法律行為時，明知其無代理權者，不在此限。

　　b‧相對人與無代理權人：

　　　　‧民110，無代理權人，以他人名義所為之法律行為對善意之相對人負損害賠償之責。本人不予承認或相對人行使

撤回權時，無論故意或過失皆負賠償責任，無代理權人之責任為無過失責任。相對人可請求信賴利益或履行利益，惟信賴利益不得大於履行利益。

Q、無權代理與無權處分之比較！（超級愛考）

答：

　　1、無權代理：民103

　　　　a‧法律行為（含債權行為及物權行為）。

　　　　b‧以本人名義為之。

　　　　c‧經本人之承認，始生效力；但表見代理效力及於本人。

　　　　d‧善意第三人不得主張善意取得，僅得依民法第一百十條請求損害賠償。

　　2、無權處分：民118

　　　　a‧處分行為（指物權行為，不含債權行為）。

　　　　b‧以自己名義為之。

　　　　c‧經有權利人之承認，始生效力。

　　　　d‧善意第三人得依民法第八百零一條、第九百四十八條、第七百五十九條之一或土地法第四十三條主張善意取得。

Q、無權處分之法律效力為何？

Q、（94年考題）祖父遺贈金錶予甲，由乙保管，後乙以自己名義賣丙並交付？

答：

　　1、依民118：無權利人就權利標的物所為之處分，經有權利人之承認始生效力。（如甲未得乙授權將古董賣丙，法律關係需乙同意始生效力）

2、無權利人就權利標的物為處分「後」，取得其權利者，其處分自始有效。但原權利人或第三人已取得之利益，不因此而受影響。（甲未得乙授權，將乙古董賣丙，之後甲向乙購買取得該古董，此時甲向丙之古董處分有效力）

3、前項情形，若數處分相牴觸時，以其最初之處分為有效。

Q、不動產之無權處分？

答：

1、民759-1，信賴不動產登記之善意第三人，已依法律行為為物權變動之登記者，其變動之效力，不因登記原因不實而受影響。

2、土43，依本法所為之登記，具有絕對效力。

（與意思表示不自由一樣，甲脅迫乙將房屋賣甲，甲轉售不知情丙，則乙得撤銷甲之意思表示且對丙請求返還房屋，但丙得主張759-1、土43）

Q、動產之無權處分？

答：

1、依民801（動產所有權之善意取得），動產之受讓人占有動產，而受關於占有規定之保護，縱讓與人無移轉所有權之權利，受讓人乃取得所有權。

2、民948，以動產所有權或其他物權移轉、設定為目的，而善意受讓該動產之占有者縱讓與人無讓與之權利，其占有仍受法律之保護。

3、例外不為保護

a‧受讓人明知或因重大過失而不知讓與人無讓與之權利。

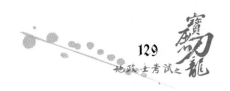

b．占有物為盜贓、遺失物或其他非基於原占有人之意思而
喪失占有者。（949~951）

（與意思表示不自由一樣，甲脅迫乙將TV售於甲，甲轉售不
知情丙，則乙得撤銷甲之意表且對丙請求返還TV，但丙得主張民
801、948）

無效、撤銷

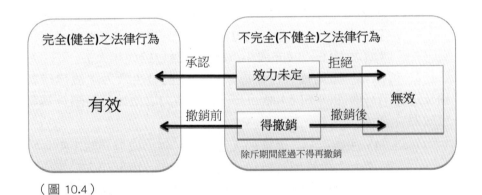

（圖 10.4）

Q、說明無效，得撤銷及效力未定？

答：（破題）權利之變動是透過法律行為、期日期間、時效制度而
完成，意思表示為法律行為之基礎，有效之法律行為亦稱為完全或
健全之法律行為，其生效要件有三：1、當事人具有權力能力、行為
能力；2、標的物確定、妥當、可行、適法；3、意思表示無瑕疵。不
具以上三項之法律行為，皆為不完全或不健全之法律行為，其效力
分為無效、得撤銷或效力未定。（本章節需與6.2節的法律行為一起

整理）

1、無效之法行：指法行自始、當然、確定無效。

　　a·一部無效之效力→民111，法律行為之一部分無效者，全部皆為無效。但除去該部分亦可成立者，則其他部分，仍為有效。

　　b·無效法行之轉換→民112，無效之法律行為，若具備他法律行為之要件，並因其情形，可認當事人若知其無效，即欲為他法律行為者，其他法律行為，仍為有效。（如原說好是互易，後變成支付金錢，則買賣有效）

　　c·無效後當事人責任→民113，無效法律行為之當事人，於行為當時知其無效，或可得而知者，應負回復原狀或損害賠償之責任。（如5歲小孩贈與腳踏車給成年人）

2、得撤銷：撤銷權人行使撤銷權而使已發生效力之法律行為溯及歸於消滅與撤回不同：撤回乃不發生效力之法律行為阻止其發生效力。

　　a·74，法律行為，係乘他人之急迫、輕率或無經驗，使其為財產上之給付或為給付之約定，依當時情形顯失公平者，法院得因利害關係人之聲請，撤銷其法律行為或減輕其給付。前項聲請，應於法律行為後一年內為之。

　　b·撤銷前：法律行為有效，但除斥經過，不得再行使撤銷。

　　c·撤銷後：民→114。法律行為經撤銷者，視為自始無效。當事人知其得撤銷或可得而知者，其法律行為撤銷時，準用前條之規定。

3、效力未定：

　　a·承認者→民115，經承認之法律行為，如無特別訂定，溯及為法律行為時發生效力。

　　b·拒絕者：民116，撤銷及承認，應以意思表示為之。如相

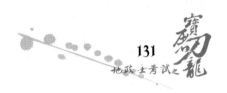

對人確定者，前項意思表示，應向相對人為之。117，法律行為須得第三人之同意始生效力者，其同意或拒絕，得向當事人之一方為之。

c‧無權處分的效力→（請看之前無權代理與無權處分之整理整理）

Q、（94年考題）祖父遺贈金錶予甲，由乙保管，後乙以自己名義賣丙並交付？

答：

1、依民118：無權利人就權利標的物所為之處分，經有權利人之承認始生效力。（如：甲未得乙授權將古董賣丙，法律關係需乙同意始生效力）

2、無權利人就權利標的物為處分「後」，取得其權利者，其處分自始有效。但原權利人或第三人已取得之利益，不因此而受影響。（甲未得乙授權，將乙古董賣丙，之後甲向乙購買取得該古董，此時甲向丙之古董處分有效力）

3、前項情形，若數處分相牴觸時，以其最初之處分為有效。

條件、期限

Q、何謂條件？何謂期限？

答：（破題）規定於民99~102條。不確定法律行為成就與否，視條件與期限而定，為法律行為效力發生或消滅，為法律行為之附款。依民100，對於期待權之保護亦為附條件利益之保護：附條件之法律行為當事人，於條件成否未定前，若有損害相對人因條件成就所應得利益之行為者，負賠償損害之責任。

Q　不許附條件之法律行為？（而附加者法律行為無效）

答：

1、違背公共秩序、善良風俗、公益者（如結婚、離婚、收養、繼承不得附條件）

2、妨害相對人利益者，如形成權。

3、法律明文規定者，如票據要求流通。

Q、何謂條件？

答：

1、停止條件：指法行成立後，停止發生效力。於條件成就時，始發生效力。條件不成就時，繼續效力不發生狀態。民99，附停止條件之法律行為，於條件成就時，發生效力。附解除條件之法律行為，於條件成就時，失其效力。依當事人之特約，使條件成就之效果，不於條件成就之時發生者，依其特約。

2、解除條件：指法律行為成立時，繼續發生效力。於條件成就時，法律行為解除而失其效力。於條件不成就時，法律行為繼續有效。

3、擬制成就（條件成就前之保護？）：民101，因條件成就而受不利益之當事人，如以不正當行為阻其條件之成就者，視為條件已成就。因條件成就而受利益之當事人，如以不正當行為促其條件之成就者，視為條件不成就。

Q、期限？

答：

1、附始期：期屆至時，發生效力。

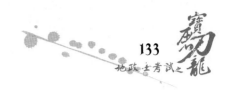

2、附終期：期屆至時，失其效力。

3、民102， 附始期之法律行為，於期限屆至時，發生效力。附終期之法律行為，於期限屆滿時，失其效力。

第七章

狂轟爛炸的「民法物權」
及「土登各論」

　　接下來，我們進入到本書最核心的部份，這也是地政士考試時，考生最基本且最該熟透的部份，當然也是典試老師們一定會出題的區塊。由於地政士主要業務在於處理不動產物權的移轉，設定，變更；再加上民法的不動產物權是所有科目考題的基礎，其出題的區塊包涵了民法，土法與土登；所以這裡絕對是老師們「必需轟炸攻擊」的熱點（別怪老師們！這是他們職責所在）。對考生而言也是投報率高的地方，如果您可以熟透這裡，其實等於掌握了3~4題的分數了（四科一共出16題）。

　　所以，如何快速，有效的整理這個部份？其方法就變得很重要了！回到本書一直強調的精髓，那就是「四塊飢肉練成一塊肥肉戰法」，筆者建議考生們以民法的各種不動產物權為基礎整理筆記，然後再向外延伸，在整理過程中若遇到土登或土法相關的議題就「緊接」其後，尤其是土登（土登各論），每個不動產物權後面都有相關的登記，這些登記是地政士考試重點中的重點。

　　「民法物權」與「土登各論」別再拆開唸了；「土地登記實務」這科分為登記總論（這部分是「背多分」），登記各論及測量三個區塊；而各論與測量這兩個部份是密不可分的，建議考生要一起整理筆記，並且將活頁紙緊接在各種物權後面；就筆者微服出巡，明察暗訪坊間販售的參考書的結果，發現土地登記實務參考書有一個被大家忽略的「誤區」，那就是編排「土登各論」教科書（含測量）的老師，應該是預設各位考生們在看土地登記各論前已經熟透了民法物權，但事實並非如此！是吧！

　　對於非地政及法律系畢業的學生，或是目前正在努力唸民法的有志之士們，往往唸完物權忘了土登，唸了土登忘了物權，於是走上了「苦行僧」修行道路以及無休止境的反覆輪迴境地，事倍功半不說，對於應付申論文章更是一籌莫展，所以還是那句話！考試的題目必定是各種法條摻雜在一起的「瀨尿牛丸」，若分開整理筆記分數如何提高呢？你說是吧！

　　筆者在這章的開頭整理了「民法物權」與「土地登記各論」的關係圖（圖11），期盼考生能悟出其中道理，為何這樣的編排？為何這樣的關聯？最主要原因就是讓你準備考試時間及效果事半功倍，同時借此產生出屬於自己的且可跨考試科目的「萬用解答」與「公式」，如此才足以應付申論題的千變萬化；圖中是主要的（最常被轟炸的）區塊，其他細部的議題，盼考生以此圖為依託再予以自行配置，以求整體架構的完全並且幫助自己記憶。

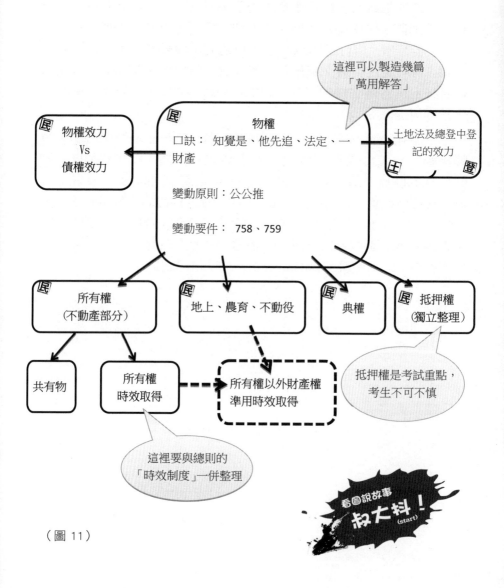

（圖 11）

7.1 看到「物權」就想到「登記的效力」

　　有些事，只能一個人做。有些關，只能一個人過。有些路啊，只能一個人走。——《目送》·龍應台

　　民法物權編中的物，當然有包括動產與不動產，在這裡我們準備的是地政士國考，所以我們只把重點放在「不動產」（土地與建物）及「登記」這兩個區塊，至於動產的部分只有民法這科有機會出題，換句話說土法、土登、土稅出題機率可說趨近於0，故請考生們行有餘力時再拿出來「聞香」，在此筆者不再贅述。

　　不動產物權分為「用益物權」與「擔保物權」；用益物權包括地上權，農育權，不動產役權，典權；擔保物權指的就是抵押權（筆者又有騙稿費之嫌了！……）；往年這裡是出題重點，因為在民法，土法，土登三科考題中皆可出題，所以考生請依（圖11）的關係務必要很清楚民法中相關的不動產物權；總之我們考地政士者，看到「物權」二字，腦子裡想的就是「不動產」這個「物」（可暫時撇開跟不動產無關的物）。

　　以往民法考物權時有時會出到一些層次比較高的題目，或許老師們認為這樣可能無法測試出考生們的功力，於是把高層次概念性的題目融入且隱藏在四個考題當中，而坊間的參考書也會在物權章節一開頭介紹一大堆關於物權這兩個字的意義；筆者認為，為了順應考題趨勢，建議考生一個觀念，那就是只要看到「物權」二字就直覺的想到「登記」；有人說如果考地政士時沒有寫到民法758，759，759-1這些金牌法條的話，那人就是去「陪考」的；所以為了節省各位考生準備考試的時間，直接就物權二字有關的部分整理出「萬用答題文章」，只要看到物權題目（不論考民法，土法還是土登）先寫上「物權破題」，筆者相信老師沒有不給分的道理。

　　以下的整理可說精華的濃縮再濃縮，目的不是要你死背（背而

不知何用？也是徒勞！），而是指出幾個Q的重點，每個Q裡面的「精神」跟「法條號」才是你要關注的；如何能成為你在考場上寫文章的反射動作？唯一的方法就是請自己不斷整理與練習。

物權相關議題

物權破題（口訣：知覺是、他先追、法定、一、財產）：物權乃是直接「支」配物之權利，具有「絕」對性，及對「世」效力；亦具有排「他」性：同一物，性質不相容之物權不得並存。

優「先」性：物權效力優先於債權效力，限定物權優先於所有權，成立在前之物權優先於成立在後之物權。

「追」及性：標的物不論落入何人之手？轉讓於何人？物權仍不受影響。

物權「法定」主義（Q、何謂物權法定主義？）：757 物權除法律或習慣不得創設。不得創設民法規範以外之物權（包括不得創設種類及內容），物權乃是直接支配物之利，具有極大效力，如允當事人自由創設，將有害公益及交易安全。

Q、違反物權法定主義之法律效果為何？

答： 71 法律行為，違反強制禁止規定者，無效。此指自始，當然不生效力。債權並無此特性，基於契約自由原則，在不違反公序良俗及強制禁止規定下，當事人得自由創設契約類型。

所有權「一」物一權主義（Q、何謂一物一權主義？）：一物僅能存在一所有權，不能同時存在二個以上之所有權，亦不能同時存在二個以上性質不相容之物權。所有權共有者，並無違反一物一權主義，即一權利客體之所有權，由數個權利主體共享之狀態。

物權乃是「財產」權：以經濟活動為基礎之財產權，相對於親

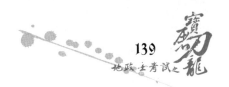

屬編及繼承編則是以人倫秩序為考量之身份權。不動產物權依功能分為「用益物權」與「擔保物權」。

Q、物權變動原則，效力為何？（口訣：公公推）

答：（土法或土登若問土地登記之效力？亦可以此作答）

1、一定之公示方式展示他人，使其知悉之公示原則，目的在於避免第三者遭遇不測。

　　a‧不動產之公示原則（亦為其生效之效力）

　　設權登記主義：758，不動產物權依法律行為而取得，設定，喪失，變更，未經登記不生效力，前項登記以書面為之。

　　b‧登記宣示主義：759，因繼承、徵收、強制執行、法院判決和其他依非法律行為於登記前已取得不動產物權者，應經登記始得處分其物權。

　　c‧動產公示原則：761，動產物權之讓與，非將動產交付，不生效力。交付種類有現實交付，簡易交付，指示交付，佔有改定。

2、信賴公示原則外觀之善意者，法律有予以保護之必要，此為公信原則。

　　a‧759-1，信賴不動產登記之善意第三人，已依法律行為，為物權變動之登記者，其變動之效力，不應登記原因不實而受影響。

　　b‧土43，本法所為之登記具有絕對效力，不容任意推翻。

　　c‧登7，依本規則所為之登記，除本規則另有規定，非經法院判決塗銷確定，登記機關不得塗銷登記。

3、依公示原則，因登記所表彰之物權，推定其為真實，此為推定原則。

a、759-1，不動產物權經登記者，推定登記權利人，適法有
此權利。

b、但不得對抗真正權力之人，如甲乙通謀之意思表示無
效，登記所表彰之物權，縱與真實物權狀態不一致，法律
仍承認其具有真實物權存在相同之法律效果，唯登記公信
力及推定力適用要件為「第三人須為善意」。

**Q、試述民758，759在登記意義與效力有何不同？（758、759一定
要背熟！）**

答：

1、758，不動產物權依法律行為而取得，設定，喪失，變更，未
經登記，不生效力，前項登記以書面為之。此為登記設權主義，採
登記生效要件主義，此僅基於法律行為，不包括事實行為與自然行
為，故自己建築房屋為事實行為，非在非經登記不生效力之列，仍
依事實行為而取得所有權。

2、759，因繼承，徵收，強制執行，法院判決和其他非法律行
為於登記前已取得不動產物權者，應經登記始得處分其物權。此為
登記宣示主義，採登記處分要件主義，其他法律行為，如923：典
權除斥期間經過而取得所有權，又如自己興建房屋乃基於事實行為
而取得所有權。

Q、違章建築議題？

答：

1、66，不動產為土地及其定著物。故違章建築仍屬民法規範
之不動產，依758仍因事實行為，興建出資者仍取得違章建築之所
有權。

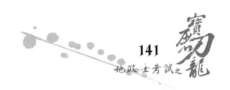

2、759所稱的處分，是物權行為之處分，不包括債權行為（如買賣），故違章建築仍得為買賣之標的物，只是無法依規於地政機關辦理登記。

Q、違章建築買賣之效力？

答：原始所有人出賣其違章建築物於他人並交付屬於債權行為，事實之處分已讓與所有權於他人，受讓人雖不能因此依規定於地政機關辦理登記，進而取得物權之所有權，然原始出賣人亦不能對受讓人主張違建仍屬其所有。

Q、物權之消滅？（口訣：棄混滅時添）

答：

1、因拋「棄」而消滅：

a‧764，除法律另有規定外，物權因拋棄而消滅。

b‧拋棄動產物權應拋棄其占有。動產物權拋棄之例外（不因拋棄而消滅）：第三人有以該物權為標的物之其他物權者，非經第三人之同意不得拋棄。

c‧拋棄不動產物權，應辦理塗銷登記始生效力。

2、因「混」同而消滅：

a‧762，所有權與他項權利同屬一人，他物權因此而消滅。例外不消滅：他物權之存續，於所有權人或第三人有法律上利益者。

b‧763，所有權以外之物權（如地上權）與以該物為標的物之權利（如以地上權為標的之抵押權）混同，該物權因此消滅。例外不消滅：權利之存續，於所有權人或第三人有法律上利益者。

3、因「滅」失而消滅：

動產，不動產標的物滅失，物權歸於消滅。如土10、12。

4、因他人「時」效取得所有權：

（看「時效取得」登記）

5、因「添」附而消滅：（整理民法中對於物的添附之規定）

6、登143，塗銷登記之原因，皆為物權消滅之原因。

Q、土地登記之意義，效力？登記完畢具有何種效力？

（這在土法或是土登會出的題目，直接放在民法物權後面，事半功倍）

答：

1、「土37I及登2」（這兩條當一組，永遠不分開）：土地登記謂土地及建築改良物所有權與他項權利之登記。民66：稱不動產者為土地及其定著物。

2、故土地登記又為不動產物權登記，地政機關依法定程序，將登記事項（包括土地及建築改良物之標示，所有權，他項權利之取得，設定，喪失，變更情形）記載於登記簿，以確定其權利歸屬並公式與第三人。

3、土43：依本法所為之登記，具有絕對效力。

故土地登記具有物權登記之絕對效力，不容任意推翻，我國土地登記制度，融合德國權利制及澳洲托倫斯登記制，具有登記生效及公信力之特徵。為保護善意第三人，將登記賦予真實之公信力，不應登記原因無效，撤銷，而被追奪。

Q、我國土地登記制度以強制登記為原則，就民法，土地法，土地登

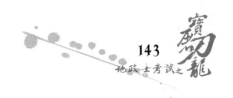

記規則，說明強制登記之規定？

答：民法758，759；土法57，60，73，73-1；土登33、4。

Q、物權效力與債權效力？（物權優先原則）

答：主要觀念物權效力優先於債權效力！可利用物權破題中的口訣
（知覺是，他先追，法定，一，財產）予以回答此類問題。

土登各論的破題公式及「萬用解答」

　　我們剛剛已整理出了「土地登記的意義」，及「登記不容推翻
的效力」兩個議題，對於考土地登記時可以把這些固定式的段落，
當成是答題的公式，最後創造出「萬用解答」，筆者整理以下的範
例供考生們參考，只要是考土地登記實務，不論考何種登記？也
不管你題目是否看得懂或不懂？就先按照公式，寫上萬用解答的
部份，筆者強烈建議考生依照此法，自己親自練習（不斷寫），整
理出一套套固定模組，在整理練習寫的過程中將文字「排列整齊」
（尤其是法條），如此可幫助你記憶，在考試時你也才能在答案卷
上「生龍活虎」！

　　1、土地登記之意義：依土地法37條及土地登記規則2條，土地
登記為土地及建築改良物所有權與他項權利之登記。依登4，下列
土地權利之取得、設定、移轉、喪失或變更，應辦理登記：一、所
有權。二、地上權。三、中華民國九十九年八月三日前發生之永佃
權。四、不動產役權。五、典權。六、抵押權。七、耕作權。八、農
育權。九、依習慣形成之物權。

　　2、登記效力不容推翻：依土43，依本法所為之登記，有絕對效
力。不容任意推翻。登7，依本規則登記之土地權利，除本規則另有
規定外，非經法院判決塗銷確定，登記機關不得為塗銷登記。

3、口訣：已，因，致，應，向

    a·「已」辦竣總登記之土地與建物，依土72，土地總登記後，土地權利有移轉，分割，合併，設定，增減或消滅時，應為變更登記。（口訣：姨分合設真笑）

    ·考所有權變動，分割合併消滅，就寫「登93」，土地總登記後，土地所有權移轉、分割、合併、增減或消滅時，應為變更登記。（口訣：姨分合真笑）；「登85」，土地總登記後，因分割、合併、增減、地目變更及其他標示之變更，應為標示變更登記。（口訣：分合真地他標）

    ·考他項權利、限制登記、塗銷登記，就寫「登11」，未經登記所有權之土地，除法律或本規則另有規定外，不得為他項權利登記或限制登記。

    ·考建物登記（區分建物，建物第一次），就寫「登10」，土地上已有建物者，應於土地所有權完成總登記後，始得為建物所有權登記。

    b·「因」權利人及義務人訂立（xx）契約，（依法律規定），（依土法34-1條），（依民824），（協議成立，調處成立），（判決確定），（取得時效完成），（徵收），（繼承），（強制執行）……不一而足。

    ·考塗銷登記，就寫「登143」，依本規則登記之土地權利，因權利之拋棄、混同、終止、存續期間屆滿，債務清償，撤銷權之行使或法院之確定判決等，致權利消滅時，應申請塗銷登記。

    ·考分割共有物，標示變更登記，就寫「登105」，共有物分割應先申請標示變更登記，再申辦所有權分割登記。但無須辦理標示變更登記者，不在此限。

    c·「致」（所有權發生移轉），（限制所有權能行使），（權利消滅），（表示變更）……不一而足。

d·「應」由權利人及義務人於權利變更之日起一個月內（繼承者為繼承之日起6個月內）。

e·「向」土地或建築改良物所在地之地政機關，辦理（xx）登記。

（圖 11.1）

土地登記意義: 土 **37**+登 **2**，依登 **4**

登記效力不客推翻:土 **43**+登 **7**

「已」辦竣總登記之土地或建物→土 **72**

1.考所有權有變動→寫登 **93**，登 **85**
2.考他項權利、限制登記、塗銷登記→寫登 **11**
3.考建物登記（區分建物，建登）→寫登 **10**

「因」權利人義務人訂立 **xx** 契約

1.寫原因（如依土 **34-1**IV，依民 **824**）
2.塗銷登記→寫登 **143**
3.分割共有物，標示變更登記→寫登 **105**

「致」所有權發生移轉，或限制所有權能行使或權利消滅，或標示變更

「應」由權利人及義務人，於權利變更之日起一個月內（繼承為繼承之日起 6 個月內）

「向」土地及建築改良物所在地之地政機關辦理登記

口訣：已、因、致、應、向

看圖說故事
叔大抖！
(start)

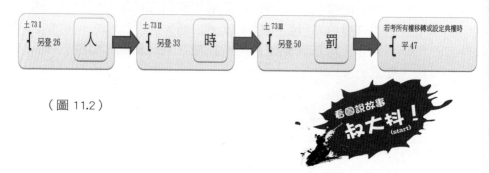

（圖 11.2）

（口訣：人，時，罰）

「人」的部份：

土73，土地權利變更登記，應由權利人及義務人會同聲請之。其無義務人者，由權利人聲請之。其係繼承登記者，得由任何繼承人為全體繼承人聲請之。但其聲請，不影響他繼承人拋棄繼承或限定繼承之權利。另依登26，土地登記，除本規則另有規定外，應由權利人及義務人會同申請之。

「時」的部份：

前項聲請，應於土地權利變更後一個月內為之。其係繼承登記者，得自繼承開始之日起，六個月內為之。另依登33，申請土地權利變更登記，應於權利變更之日起一個月內為之。繼承登記得自繼承開始之日起六個月內為之。（登33後段即為「何謂權利變更之日？」口訣：去法院調解判決輸，發生產權移轉）

「罰」的部份

聲請逾期者，每逾一個月得處應納登記費 額一倍之罰鍰。但最高不得超過二十倍。另依登50，逾期申請登記之罰鍰，應依土地法之規定計收。土地權利變更登記逾期申請，於計算登記費罰鍰時，對於不能歸責於申請人之期間，應予扣除。

　　若考「所有權移轉」或「設定典權」：平47，土地所有權移轉或設定典權時，權利人及義務人應於訂定契約之日起三十日內，檢同契約及有關文件，共同申請土地所有權移轉或設定典權登記，並共同申報其土地移轉現值。但依規定得由權利人單獨申請登記者，權利人得單獨申報其移轉現值。

7.2 神聖的「所有權」是一切的基礎

　　人活著是為了做自己，而不是解釋自己。——《李國修編導演教室》·黃致凱

　　人類文明社會進程中有一個重要的里程杯，那就是法律對財產權給於絕對的保障，進而產生了「所有權神聖不可侵犯」的概念；隨著資本主義的發展，貧富懸殊日益擴大，於是近代開始強調財產權的「社會義務」，後者會與「徵收」議題有關係，在此我們還是先回到18世紀當個古人，先知道一切所有對於「物」的權利最基礎者莫過於「所有權」，一切其他的權利都是架構在所有權之上；同時記得「所有權神聖不可侵犯」就好。所有權又稱為「絕對物權」，其以外的權利都稱為「限定物權」。

　　與所有權最相關的考試議題整理在（圖12），在此強調筆者為了不擾亂考生們的觀念與節省時間，只把不動產的部分予以整理（動產的部分……我們就賭他不會考的吧！）；其中包括所有權的「時效取得」（這裡請把總則中的時效制度摻進來整理），「不動產相鄰關係」、「區分所有權」，緊接在後的就是與所有權相關的「登記」，其中最主要的就是「區分所有建物的登記與測量」以及「建物所有權第一次登記與測量」。

　　作者在此不忘本書的宗旨，同時也是「懦夫救星武館」一再傳

授的的秘技——「肥肉抵擋術」，原則上民法的所有權與土地法的「地權」有「概念上」的關聯，唯本書尚未將土地法，土地登記總論，與土地稅一同併入出版，只在圖中明確指出，盼各位懦夫救星武館的學員能抓住師父傳授的精髓，舉一反三將土地法地權篇相關議題擺在民法所有權後面，進而整理出拯救自己的筆記，這對你在擂台上挑戰武林至尊時是有極大幫助的。

不動產所有權相關議題

所有權破題：所有權乃是完全支配物之權利，所有權以外之物權為限定物權，限定物權設定後所有權之權能及受限制，具有一物一權主義之性質。

765，所有權人於法令限制範圍內，得自由使用，收益，處分其所有物（此為積極權能）。所謂處份包括事實處分（例如對所有物拆除，毀損）及法律上之處分（例如移轉，拋棄，權利變動等行為）。765後，所有權人於法令限制範圍內得排除他人干涉。（此為消極權能）

Q、所有權人如何排除他人干涉？

答：透過767物上請求權行使其權利。

767，所有人對於無權佔有或侵佔其所有物者得請求「返還」之，對於侵害其所有權者得請求「除去」之，對於有妨害所有權之虞者得請求「防止」之，物上請求權於所有權以外之物權，準用之。

Q、物上請求權之時效消滅？

答：125，請求權，因15年不行使而消滅，法律定有期限較短者依其規定。動產而言有125之適用，不動產而言「已登記者」無125之適

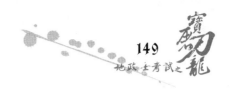

用；未登記者有125之適用。

（注意占有人的物上請求權962）

Q、不動產所有權權利行使範圍？

答：773，土地所有權除「法令限制」外（例如774~800，及土15），於其行使權力範圍內，及於土地之上下（指地面上下一定空間），如他人干涉，無礙所有權行使者不得排除之（如飛機經過、深度採礦）。

Q、不動產之相鄰關係？

答：不動產所有權之相鄰關係規定於774~800，而民法800-1條很重要！只要講不動產相鄰關係（包括區分所有）就不該漏掉800-1條，最需要注意且一定要寫在考卷上的莫過於這條；民法800-1條：774~800條規定，於地上權人，農育權人，不動產役權人，典權人，承租人及其他土地，建物和工作物利用人準用之。不動產相鄰關係的架構如下，請考生們花點時間自行整理。

　　1、鄰地損害之防免：774，794，795

　　2、排水用水之相鄰關係：775~785

　　3、鄰地使用：786，792，（袋地通行權，重要！）787~789

　　4、鄰地侵入：790，791，793

　　5、越界相鄰關係：（越界建築，重要！）796，枝根越界797，果實自落798，（區分所有建物重要！獨立出去整理）

Q、總則篇的「時效制度」與「時效取得不動產所有權」？

答：時效制度是指依據一定事實，經過一定時間，發生一定之法律

效果的制度；時效制度乃為尊重現存之社會秩序，避免舉證困難，同時法律不保護在權利上睡著的人；其中包括「取得時效」與「消滅時效」，時效期間不得依法律行為加長或減短，亦不得預先拋棄時效之利益。

時效取得不動產所有權：

769，以所有之意思20年間，和平，公然，繼續佔有他人「未登記」之不動產，得請求登記為所有人。

770，同769，唯規定「自始善意且無過失」者為「10年間」以所有意思，和平，公然，繼續佔有他人「未登記」之不動產，得請求登記為所有人。

Q、時效取得不動產所有權之效力？

答：

1、僅取得登記請求權，仍須登記始生效力。民758。

2、不適用於他人未登記之不動產（登記者縱使和平，公然，繼續佔有仍不得請求）

3、772，前五條（動產時效取得，不動產時效取得，取得時效中斷）於所有權以外之財產權準用之，於已登記之不動產亦同。

建物區分所有權相關議題

建物區分所有權破題：建物區分所有權規定於民法物權編不動產所有權相鄰關係中，民800-1：774~800之不動產相鄰關係規定於地上權人，農育權人，不動產役權人，典權人，承租人，其他土地建或工作物利用人，準用之。（區分建物通常而言指的就是集合住宅）

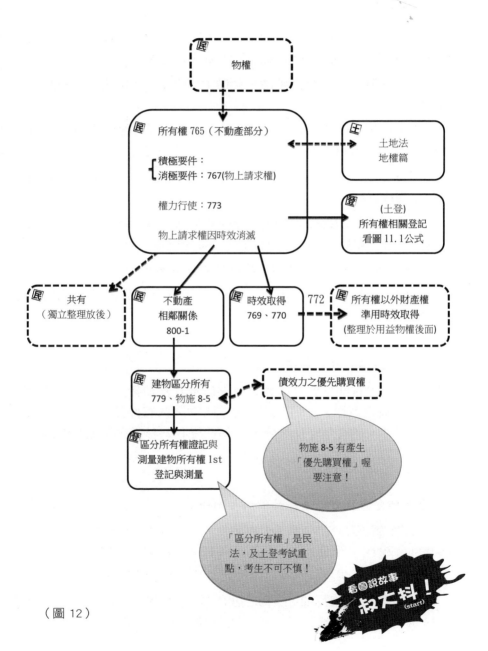

（圖 12）

依民799：數人區分一建物，各專有其一部分，就專有部分有單獨所有權，並就建物及附屬之共同部分共有建物。

專有部分：區分所有建物在結構上，使用上，可獨立且單獨為所有權之標的者。

約定共用：專有部分，得1.經所有人同意，2.依規約約定，供區分所有建物之所有人共同使用。

共有部分：區分所有建物專有部分外之其他部分，及不屬專有部分之附屬建物。

約定專用（例如停車場，防空避難室）：共有部分，除法律另有規定，得1.經規約約定，供區分所有建物特定所有人使用。

Q、區分所有建物共有部分與基地應有部分計算？

答：799IV，應有部分依專有部分面積與專有部分總面積比例定之，但「另有約定」者，從其約定。

Q、專有部分與共有部分移轉限制？

答：799V，專有部分與其所屬共有部份及其基地權力，不得分離而為移轉或設定負擔。登94，區分所有建物之共有部分，除「法令另有規定」外，應隨同專有部分及其基地權利為移轉，設定及限制登記。

Q、專有部分與共有部分移轉限制之例外？

答：民法物權施行法8-5條（很重要！），為始共有部分或基地應有部分符合799V之規定，為專有部分共有部分移轉限制之例外。

1、為了符合規定799IV之比例而為移轉，不受799V限制。

2、物權修正施行前，建物「專有部分」與及「所屬共有部分及其基地權利」已分屬不同人所有或分別設定負擔者，不受799V限

制。

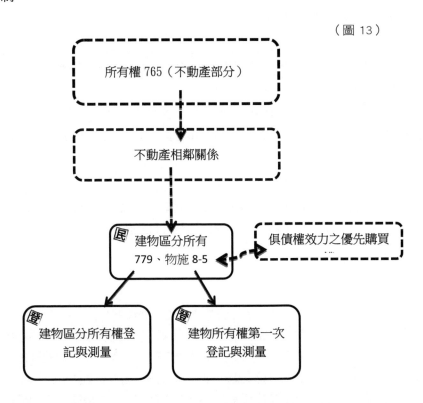

（圖 13）

Q、民法物權施行法8-5條III與V產生「優先購買權」。（請考生務必把此條文加入「優先購買權」議題一起整理）

Q、區分所有建物共有部分修繕與費用負擔？

答：799-1，原則為期簡便易行，由各區分所有權人按其應有部分分擔之。例外：規約另有規定不在此限。

Q、區分所有建物之繼受人，對於規約與規約之效力，是否受其約束？ 規約對於特定區分所有權人，顯失公平情事，救濟為何？

答：

　　1、799-1規約：區分所有權人間，依規約所生權利義務，繼受人應受其拘束。

　　2、約定：概括繼受其時，繼受人應受其拘束；特定繼受時，特定繼受人對其內容，明知或可得而知之者，受拘束；非過失而不知者，不受其拘束。

　　3、專有部分約定共用者準用之。

　　規約內容及其他情事，按其情形顯失公平者，不同意之區分所有權人得於規約訂定之後三個月內，請求法院撤銷之。

土登題目：

　　「建物所有權第一次登記與測量」的標的物是指「依法新建」與「舊有合法之建物」，建物第一次登記又稱為保存登記；過往（幾十年前），此部分出題著重在建物第一次登記的觀念問題，隨著時代的進步，都市中新蓋的建物多為區分所有建物（集合住宅），故近幾年「建物所有權第一次登記與測量」的議題與「區分所有建物登記與測量」多為綜合在一起的題目，故我們了解民法關於所有權的基本概念後，建議考生的筆記，直接緊接著土地登記實務這可科有關所有權登記的議題，如圖13所示，如此申論題作答時內容才能連成一氣，分數自然比別人高囉！

Q、何謂「區分所有建物」？該如何辦理登記，文件為何？

答：看到區分所有建物，直覺地就先寫民799。然後強調一個重點，那就是「登記之不可分性」：（民799V與登94）。接下來分3部份予以回答：

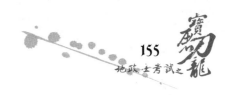
1、專有部分如何登記與測量？

民799II；專有部分登記之獨立性（登80+測263）；

專有部分為共有者時？登96+登98

2、共有部分如何登記與測量？

民799III；登80+測283；

3、區分所有建物之地下層或屋突物怎麼登記，怎麼測？

登79I（3）+登79II；測284；

登記需準備之文件？

登79+登83+登84；

Q、建物所有權第一次測量與登記，其重點有「性質與要件」為何？

答：（其要件與區分所有建物登記測量要件相同）。

Q、建物第一次登記免先辦理建物測量之轉繪規定？（近年新修訂）

答：

申請建物第一次測量的時機？登78+測259+測279。

不得申請建物第一次測量情形？測259。

申請人？測261+測263。

建物所有權第一次測量所需文件？測279~測282

另外何謂合法建物？其面積該如何認定？

申請建物第一次登記之程序為何？登53。

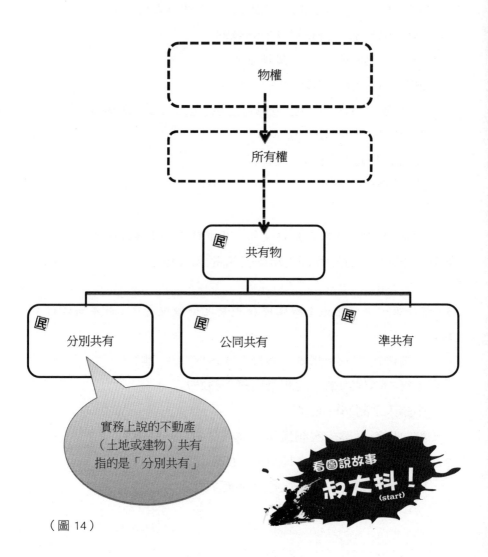

（圖 14）

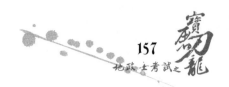

7.3 民法共有物 vs 土地法 34-1 條

任何倏忽的靈感，事實上不能代替長期的功夫。——羅丹

「共有」，簡單的說就是數人共有一物的意思；共有的樣態並無違反我們之前說物權的「一物一權主義」（複習一下物權的破題，口訣：知覺是，他先追，法定，一，財產），考生們可以想成是一個所有權（權利客體）由數人（數個權利主體）「共享」如此而已；既然所有權自始至終都只有「一個」，當然無違反「一物一權主義」的理由。

換句話說「共有」只是所有權的一種「樣態」，在搞定共有之前，還是要先把所有權基本觀念整理好才行（請看前面一節）；所以建議考生將共有筆記擺在所有權的後面，並且將共有不動產相關的「登記與測量」，以及「土地建物分割合併」的議題緊接其後，如此一來大家就比較容易對共有的概念一以貫之了。

在民法總則中對於「物」這個東西，分成動產與不動產（民66，67），而共有的狀態又分為三種（分別，公同，準），對於三種不同的共有型態其內部關係、外部關係等又有細部的規定，再加上土地法對於共有不動產在處分上（屬於民法分別共有的內部關係）有特別規定（土34-1），故對考生而言事情就變得極度複雜，但是！別擔心！透過「阿里不答關聯圖」你會很清楚的了解全貌，並且會運筆如神地書寫你的試卷；土地或建物共有者（實務上指的是「分別共有」）在社會上常會遇到，故出題老師（包括民法，土法，土登）在這裡的琢磨會比較多，考生不可不慎！

共有破題（不管什麼題目，只要是共有議題就先寫這段！）：數人共享一物所有權，基於「當事人約定」或「法律規定」而生，

未違反一物一權主義（解釋一下為何無違反？），其樣態分為以下三種：

1、分別共有：817，數人按其應有部份，對於一物有所有權者為共有人。各共有人享有應有部分成數，依共有人約定及法律規定之，成數不明者推定其為均等。典型題目：何謂分別共有？應有部份如何產生？權利比例如何產生？

2、公同共有：827，依法律規定（如繼承），習慣（如祭祀），法律行為（如合夥契約）成一公同關係之數人，基於公同關係共有一物者為公同共有人。依法律行為成立公同關係以法律規定，習慣者為限。

3、準共有：831，所有權以外之財產權，由數人分別共有或公同共有者，準用本節之規定（如地上權，農育權由數人共有）。

分別共有相關議題

分別共有之「內部關係」（各共有人間之關係）請考生注意！民法這裡對於共有的規定包括動產與不動產，若題目問「共有不動產處分」的議題（原則上一定是問「不動產」），請考生以民法規定為基礎，並且腦袋要直覺的切換到土34-1條（看圖15）。

★ 使用受益權（818）

Q、共有人逾其應有部份行使所有權時，他共有人是否得行使物上請求權？

Q、共有人甲擅自建物，主張其有全部之使用受益權；共有人乙主張甲應拆屋還地，試申論之？

答：（寫作重點）

1、共有破題+818+使用收益權行使，不得損及他共有人之利益，被侵害之他共有人自得依侵權行為規定，行使損害賠償請求

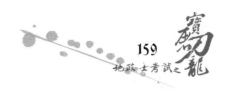

權。

2、共有人逾越其權利範圍而使用收益，所受超過利益難謂非不當得利，他共有人得行使物上請求權。

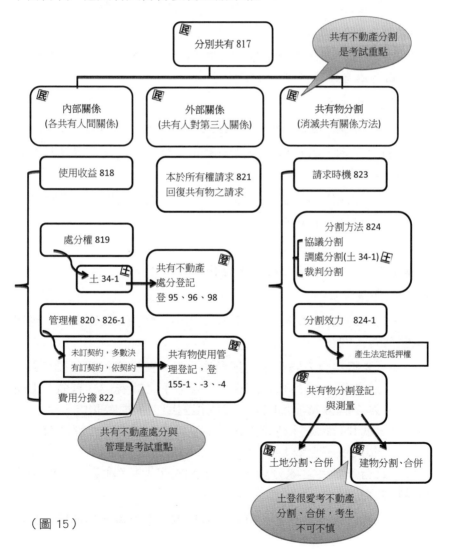

（圖15）

3、唯共有人對共有物之特定部份使用收益仍需徵得他共有人全體同意。

★ 處分權（819，土 34-1）

Q、甲乙丙共購A屋，各持分1/2，1/4，1/4，甲將其應有部份設定抵押（或出賣應有部份於丁）於丁？

答：（寫作重點）

1、共有破題+依民819，各共有人得自由處分其應有部份：

共有之土地，如非基於公同關係而共有，各共有人得就其應有部份設定抵押權。

2、共有人得自由「讓與其應有部份」，受讓人仍按其應有部份與他共有人繼續共有關係。

Q、如甲欲將「A屋全部」透過買賣移轉於丁？

答：（寫作重點）

1、共有破題+依民819，共有物之處分，變更，設定負擔，應得「全體共有人同意」：

　　a·全體共有人同意不包括負擔行為（買賣契約屬負擔行為，故無須全體共有人同意），故甲丁之買賣契約有效，甲所為之處分為無權處分，乙丙得對甲主張損害賠償。

　　b·就共有物之「特定部份讓與」他人，其讓與非經共有人全體同意不生效力。

2、共有不動產之處分規定：（重點來了！）（注意土地法34條之1執行要點）

　　a·若共有不動產之共有人少數反對，則有害經濟發展，為保

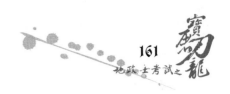

護私人利益，兼顧共有人權益故土34-1屏除共有人全體同意之規定，而採取多數決。

b·土34-1優先民819適用共有不動產之處分。

c·土34-1：共有土地或建築改良物，其處分，變更及設定地上權，農育權，不動產役權或典權，應以共有人過半數及其應有部分合計過半數之同意行之。但其應有部分合計逾三分之二者，其人數不予計算。分述如下：

·共有土地之「處分」：包括事實處分與法律上之處分，不包括信託行為，共有物分割（故分割共有不動產設定抵押權時，應回歸民819），無償行為。

·共有不動產之「變更」：指權利客體內容變更，如分割，合併，界址調整，調整地形。

·共有不動產「設定負擔」：僅以法條中列舉之四權為限，故以外之權利，如抵押權應回歸民819規定，即全體共有人同意行之。

（後面對於土34-1條的說明，口訣：書連買準用調處）

·書：共有人依前項規定為處分、變更或設定負擔時，應事先以書面通知他共有人；其不能以書面通知者，應公告之。

·連：第一項共有人，對於他共有人應得之對價或補償，負連帶清償責任。於為權利變更登記時，並應提出他共有人已為受領或為其提存之證明。其因而取得不動產物權者，應代他共有人申請登記。

·買：共有人出賣其應有部分時，他共有人得以同一價格共同或單獨優先承購。

·準用：前四項規定，於公同共有準用之。

·調處：（此亦為不動產分割方法之一）依法得分割之共有土地或建築改良物，共有人不能自行協議分割者，任何

共有人得申請該管直轄市、縣（市）地政機關調處，不服調處者，應於接 到調處通知後十五日內向司法機關訴請處理，屆期不起訴者，依原調處結果辦理之。

Q、土登題目：共有不動產處分登記？

答：登95、登96、登98

★ **管理權**（820．826-1）

Q、部份共有人不同意管理契約（分管協議）者，該如何救濟？

Q、應有部分讓與他人，管理之決議對於受讓人有無拘束力？

答：（寫作重點）

共有破題+除共有物之處分外，凡對共有物保存，改良，使用收益方法之約定均為管理（租賃行為亦為管理）。

1、未訂立管理契約或分管協議者：民820

a・原則：採多數決，共有人約二分之有一及其應有部分與二分之一之決議，而且應有部分與三分之二者，人數不予計算。

b・救濟：共有人對共有物之決議內容對部分共有人顯失公平者，不同意之共有人得聲請法院裁定之。因情事變更 難以繼續 因任何共有人申請法院裁定變更之。

故意或重大過失致共有人受損害，對於不同意之共有人連帶負賠償責任。

c・例外：對共有物簡易修繕，保存行為得單獨行之。

2、訂有管理契約或分管協議者：民826-1

a・關於共有物使用，收益，分割，禁止分割及依民法820條所為之約定，經登記後，對應有部分受讓人及取得物權之

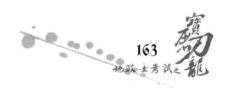

人具有效力，法院裁定經登記後亦同。（如未經登記，則以受讓或取得時知悉其情事或可得而知者為限，始生效力。）

b · 動產之共有人，對於共有物之約定，決定，法院所為之裁定，對於應有部分受讓人或取得物權之人，以受讓或取得時知悉其情事或可得而知者為限亦具效力。

c · 共有物應有部分讓與時，受讓人對於讓與人就共有物因使用，管理或其他情事所生之負擔，連帶負清償責任。

Q、民826-1立法理由為何？

答：

1、共有物管理或協議分割契約，實務上認為對應有部分受讓人，仍繼續存在，故使用，收益，分割，禁止分割以及民法820所為之決定應作相同之解釋。

a · 此契約之約定屬於債權行為，依債權之相關性，對第三人不生效力。

b · 不動產為上訴之約定經登記後，為保持約定或決定之安定性，特賦予物權效力，對於應有部分之受讓人與取得物權之人具有效力。

c · 民法820條中之約定顯失公平或情事變更所為之法院裁定，與登記並不相同，故明定因裁定所定之管理，經登記後，對應有部份受讓人亦具有效力。

2、為保障負擔之共有人，明定共有物部分讓與時，受讓人對於讓與人就共有物因使用，管理，協議分割，禁止分割之約定所生之負擔負連帶清償責任，受讓人於清償後，得依民法第二百八十條求償。

土登題目：

Q、共有不動產使用管理內容，於登記後有變更時，受理機關如何辦理？

Q、共有人就共有土地使用管理之約定申請登記時，登記機關如何辦理？

答：登155-1、登155-4

★ 費用負擔（822）

Q、甲乙丙三人共有A屋，屋漏水，雇工丁修理，費用為3000？

答：（寫作重點）

1、共有物之管理費及其他負擔除契約另有規定外，應由各共有人按其應有部分分擔之。

　　a‧共有物之管理費：保存行為或改良行為所需費用。

　　b‧其他負擔：共有物之稅捐。

　　c‧契約有訂定：依契約。

　　d‧無契約訂定：各共有人按其應有部分分擔之。

2、共有人中之一人就共有物之負擔為支付，而逾其所應負擔之部分者，對於其他共有人，得按其各應分擔之部份請求償還。

★ 分別共有之「外部關係」（共有人對第三人之關係）（821）

Q、甲乙人共有土地（分別共有），遭丙無權佔有，甲可否單獨提告？乙可否單獨請求返還共有物之訴？

答：（寫作重點）

1、原則：共有人對於第三人得就共有物之全部，為「本於所有權之請求」。所有權之請求是指民法767條所有人之「物上請求權」

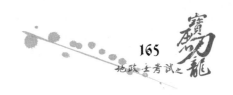

以及「不動產相鄰關係」（民法7740至800條之規定），以保全共有物 並增進其利用。

2、但書：但回復共有物之請求權，僅得為共有人全體之利益為之。任何共有人行使民法767條之返還，除去，防止妨害請求權時，僅得為全體共有人之利益為之，而不能僅主張自己應有部分之利益。（即僅能主張返還共有物於共有人全體！）

共有物分割與合併

共有物之分割（消滅共有關係之方法）

Q、「分別共有物」分割請求時機？（823）

答：

1、原則：各共有人「除法令另有規定」，得「隨時」請求分割共有物。

 a·所謂「法令另有規定」 如民法116條遺囑禁止分割規定；民法166條非保留胎兒應繼分不得分割遺產。

 b·共有物分割乃是消滅共有關係之方法，基於分割自由原則，各共有人得隨時一方之意思表示請求分割，他共有人不得拒絕，此請求權為形成權，故無民法125條消滅時效之適用。

2、例外不得請求分割者：

 a·物之使用目的不能分割者：例如區分所有建物之共有部份，共用之道路基地。

 b·契約定有不分割期限者：基於契約自由原則與財產權之安排應予以尊重；但仍應受法令期限之限制。動產禁止分割期限，不得逾5年，逾5年者，縮短為5年。共有不動產禁止分割期限，不得逾30年，逾30年者，縮短為30年。依民

法826-1條：不動產共有人間，關於共有物使用，管理，分割，禁止分割及依820條所定之事項，對於應有部份受讓人或取得權利之人具有效力，法院裁定之管理經登記後亦同。

3、 如有重大事由共有人得隨時請求分割；此規定乃為保持適度彈性，保障共有人之利益。

Q、「公同共有物」之分割請求時機？（829，830）

答：公同關係存續中，各共有人「不得請求」分割共有物，共有關係終止始得為之。分割之方法及效力，除法律另有規定外，準用共有物分割規定。

Q、分割方法？分割效力生效之時點？（824）

答：

1、 協議分割：（Ⅰ）共有物之分割，依共有人之協議方法行之。

　a・共有人間之協議，性質屬於「債權行為」共有人仍應履行物權行為（動產為交付，不動產為登記）始生分割之效力，交付與登記亦為協議分割之生效時點。

　b・共有人間於協議後，共有人得請求他共有人依分割契約履行內容，此請求權有民法125~147條消滅時效之適用。

2、 調處分割：（依土地法34之1條Ⅵ規定）

　a・共有人不能自行協議分割者，任何共有人得申請該管直轄市、縣（市）地政機關調處，不服調處者，應於接到調處通知後十五日內向司法機關訴請處理，屆期不起訴者，依原調處結果辦理之。

　b・此調處分割於分別共有，公同共有之不動產皆適用。

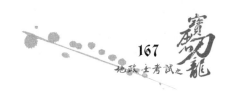

  c·此非請求裁判分割起訴必須要件，不經調處程序亦得訴請法院裁判分割。

 3、裁判分割：（II）下列情形始得裁判分割

  a·不能協議決定者：共有人間已訂立協議分割契約，縱然拒絕辦理分割登記，當事人進得依約請求履行登記之義務，而不得請求法院按協議方法，再為分割共有物之判決。

  b·於協議決定後，因消滅時效完成，共有人拒絕履行者，請求權罹於消滅時效；共有人有拒絕給付之抗辯者，他共有人得請求法院判決分割。

  c·法院裁判確定，各共有人即取得單獨所有權，即生分割之效力；唯應依民法759條規定，始得處分其物權。

Q、裁判分割共有物分配方式？

Q、對於未獲得原分配者，有何救濟機制？

答：依824協議分割不能或協議決定後，因消滅時效完成共有人拒絕履行者，法院得因任何人之請求裁判分割，並命為下列分配。

 1、原物分配於部分共有人：共有人均受原物之分配顯有困難者，得將原物分配於部分共有人。

  a·824III，原物分配時如共有人中有未受分配或不能按應有部分受分配，得以金錢補償之。因共有物分割後為了保護未受原物分配之共有人，亦為未受分配者之救濟機制，進而產生了「法定抵押權」。（法定抵押權整理於抵押權一章節）

  b·824IV，原物分配時，因共有人之利益 或其他必要之情形，得就共有物一部分維持共有。

 2、變價分配於各共有人：原物分配顯有困難時，得變價共有物，以價金分配於各共有人。優先購買權產生，此優先購買權具有

債權性質。824VII。（綜合整理於後面章節）

　　3、原物兼變價分配：原物分配顯有困難者，得以原物一部分分配於各共有人；他部分變賣分配各共有人。

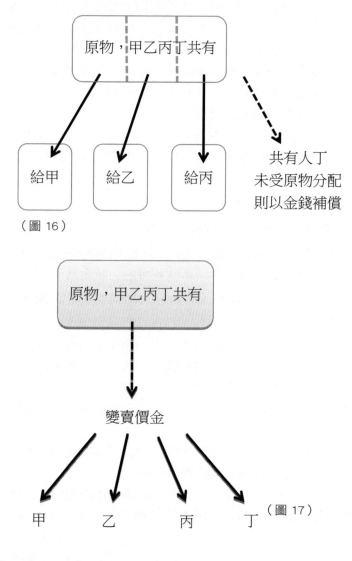

（圖16）

（圖17）

（圖 18）

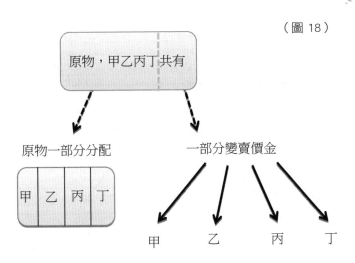

原物，甲乙丙丁共有

原物一部分分配　　一部分變賣價金

甲　乙　丙　丁

甲　　乙　　丙　　丁

Q、 數不動產「合併分割」？及其分割效力？（注意登106條）

答：

　　1、共有人相同之「數不動產」：共有人相同之數筆不動產常因不能合併分割，致分割方法酌堪困難，而導致土地過於細分，有礙社會經濟發展。824V，除「法律另有規定」外，共有人得請求合併分割。（如土地使用分區不同不能合併分割）

　　2、共有人部分相同之相鄰之「數不動產」：824VI

　　　a‧原則：無請求合併分割之適用。

　　　b‧例外得請求：各該不動產均具應有部分之共有人，且經各不動產應有部分過半數共有人同意。

　　　c‧最終決定權：法院認為合併分割不適當者，仍分別分割。

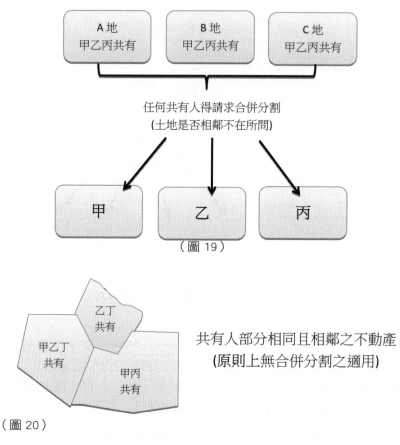

（圖 19）

（圖 20）

Q、不動產分割後之效力？

Q、甲就應有部分設定抵押權，土地分割時銀行之抵押權會存在何宗土地上？

Q、共有物分割後之法律效果？（824-1）

答：

　　1、共有人自共有物分割之效力發生時起，取得分得部分之所有權。採取移轉主義，效力乃向後發生而非溯及既往。分割效力生

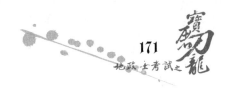

效之時點？請看分割之方法。

2、 對共有物應有部分設有抵押權或質權效果？824-1II

　　a · 抵押權之不可分性（868）：供債權擔保之不動產，如經分割，或讓與其一部，或擔保一債權之數不動產讓與一部時，其抵押權不因此而受影響。

　　b · 原則：（824-1II）應有部分設有抵押權和質權者，其權利不因共有物分割而受影響。登107I： 部分共有人就應有部分設定抵押權，於辦理共有物分割登記時，該抵押權按原應有部分轉載於分割後各宗土地之上。例外：下列情形之一者，該抵押權僅轉載於原設定人分割後取得之土地——權利人（抵押權人）同意分割，權利人（抵押權人）已參加共有物分割訴訟，權利人（抵押權人）經共有人告知訴訟而未參加。

　　c · 以上但書情形，有以價金分配或金錢補償者，準用881I，II ，899I。登107II：前項但書原設定人於分割後未取得土地者，申請人於申請共有物分割登記時應同時申請該抵押權之塗銷登記，登記機關於登記完畢後將登記結果通知該抵押權人。

3、 共有物分割後產生共有人間之法定抵押權。824-1IV

　　a · 分割有金錢補償之情形，應受補償之共有人對補償義務人所分的之不動產有抵押權，於共有物分割登記時一併登記。

　　b · 登100-1：依民法824條第三項規定申請共有物分割登記時，共有人中有應受金錢補償者，申請人應就其補償金額，對於補償義務人所分得之土地，同時為應受補償之共有人申請抵押權登記。但申請人提出應受補償之共有人已受領或為其提存之證明文件者，不在此限。

c‧前項抵押權次序優先於第一百零七條第一項但書之抵押
權；登記機關於登記完畢後，應將登記結果通知各次序抵
押權人及補償義務人。

4、　共有人間互相負瑕疵擔保責任。825，各共有人對於他共有
人因分割而得之物，按其應有部分負與出賣人同一擔保責任。

5‧分割證書之保存。826

a‧共有物分割後，各分割人應保存其所得物之證書。

b‧各分割人得請求使用他分割人所保存之證書。

c‧關於共有物之證書，歸取得最大部分之人保存之；無取得
最大部分者由分割人協議定之；不能協議者申請法院指定
之。

土登題目

Q：共有不動產分割與測量？（請考生將此議題放在民法共有物分
割之後，加以整理）

公同共有（827）的議題與準共有（831）

公同共有：為所有權共有的型態之一，無應有部分之概念，乃
是數人基於共同關係而共同享有一物之所有權。依827：依法律規
定（如繼承）、習慣（如祭祀）、法律行為（如合夥契約）成一公同
關係之數人，基於公同關係共有一物者為公同共有人。依法律行為
成立公同關係以法律規定，習慣者為限。

民827條中的「法律規定」，「習慣」及「法律行為」即為共同
共有發生的原因；而其消滅原因則依830I：公同共有之關係自「公
同關係終止」或因「公同共有物之讓與」而消滅。

Q、公同共有關係之權利義務？

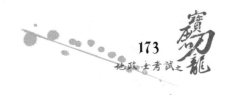

答：

1、827III：各公同共有人之權利及於公同共有物之全部。

（各公同共有人之債權人不得對其共有物聲請強制執行）

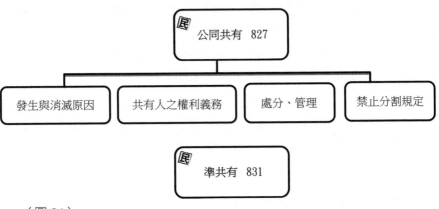

```
        民
     公同共有  827

  ┌─────────┬─────────┬─────────┬─────────┐
發生與消滅原因  共有人之權利義務  處分、管理  禁止分割規定

        民
     準共有  831
```

（圖21）

2、828I：公同共有人之權利義務，依其公同關係所由成立之法律，法律行為，習慣定之。（如繼承，合夥關係）

Q、公同共有物之處分？

答：

1、含其他權利之行使，民828III，原則：公同共有人全體同意。例外得單獨行使：如民821回復共有物請求權，公同共有人得單獨行使。

2、土34-1V：前四項於公同共有準用之。

Q、公同共有物之管理，費用負擔與共有人約定之效力？

答：828II，公同共有準用820，821，826-1。

Q、「公同共有物」之禁止分割規定？（829，830）

答：

1、公同關係存續中，各共有人「不得請求」分割共有物。

法律另有規定依其規定，如699合夥剩餘財產分配請求權，1039夫妻一方死亡財產歸屬，1164繼承人的隨時請求分割遺產。

2、該共同關係終止始得為之。分割之方法及效力，除法律另有規定外，準用共有物分割規定（即823～826分別共有物分割之規定）。

準共有：依831：所有權以外之財產權，由數人分別共有或公同共有者，準用本節之規定（如地上權，農育權由數人共有）。

土登各論所有權相關登記公式

至此我們已把「不動產所有權」幾個重點的議題，透過圖形指出其關聯與重點了，在此筆者再強調一次，本書不是提供考生法條的參考書，而是提供考試方法的天書，所以建議考生們應熟記的是「阿里不答關聯圖」中各議題的位置，而不是死背裏面的內容（這樣是沒用的），同時不斷的找考試的問題（如範例中的Q），將問題寫在你整理的依主題排列的活頁紙最上面，並且套用關連圖，找出如何解答的流程；當然！每個議題與你蒐集到的題目都需要考生親自練習整理，而筆者能幫助的就是依據經驗，透過歸納問題，整理出圖塊，關聯性，口訣，製造公式，製造萬用解答……等，如此而已！（這才是本書準備考試的精髓，而不希望您看此書狂背法條背……）；接下來筆者將土地登記這科裡會用到關於所有權登記相關議題的公式整理如下，供考生們參考。（不是要您背公式！而是依著下圖，請您卷起袖子親手書寫，最後整理出一套自己答題的方法與流程）

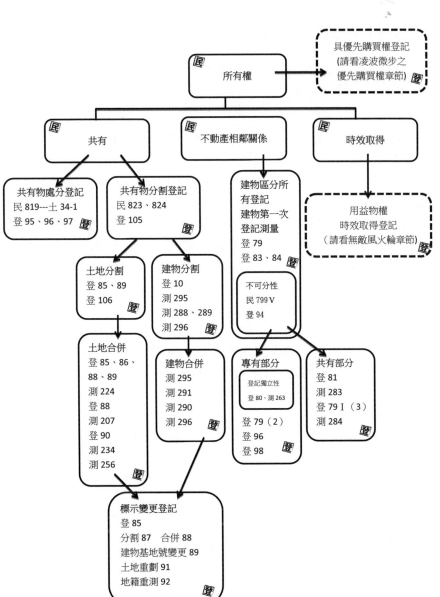

（圖 21.1）

7.4 九陰真經最厲害絕招──「無敵風火輪」

　　光是知道是不的，必加以運用；光是希望是不的，非去做不可。──李小龍

　　我們看了物權中的「所有權」與「所有權共有」後，接下來就是地政士考試最重要的核心之一──「用益物權」的部分，這個部分除了是民法出題的重點之外，更是土地登記各論最愛拿出來考的地方；只要掌握這裡，可以說你專業科目16題中就已經掌握了2~3題的題目了；由於坊間參考書及補教業者把專業科目拆開教授，導致很多考生越唸越亂，越練習寫題越覺得心虛，主要原因在於考生將民法與土登各論分開來唸，同時又將4個「用益物權」個別研讀，再加上土地登記對於各種用益物權登記的規定又極為複雜繁瑣，如此一來就產生了32種的變化（2*4*4=32），這樣準備考試的方式絕對會讓很多考生卻步的；故「懦夫救星武館」館主在此就把九陰真經裡最上乘武功──「無敵風火輪」傳授給各位考生，期盼能將32種複雜且惱人的議題一網打盡，以解除考生多年來偏頭痛的老症頭。

　　請看下圖。

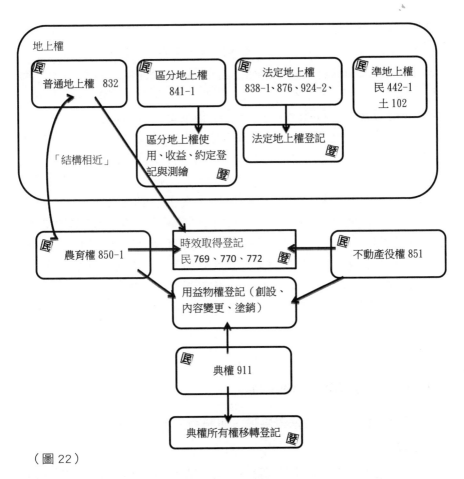

（圖22）

　　圖中寫「民」為民法，「登」為土登（注意看！館主把四個用益物權與登記的關聯性揉成一團了），其目的就是為了製造出「萬用解答」與「寫題公式」；民法中不動產用益物權分為地上、農育、不動役跟典權，此四權又以地上權可出的題目最多，再來是不動產役權，而農育權性質跟普通地上權相近，農育權很多相關規定都準

用地上權的規定,所以各位考生為了省時省力就別傻傻地分開唸囉!換句話說,整理筆記時要建議將兩者放在一起。

時效取得用益物權的登記(含測量)分別被三個箭頭所「擁護」,即地上權,農育權,不動產役權,所以土登考題若出「主張時效取得登記?」那麼我們只要「一套文章」就可以搞定,只是文章後面有些小變化而已;再者,四個不動產用益物權的創設登記與內容變更登記所用的法條有些是一樣的,所以館主在此章節內容也整理出了「公式表」,考生們可以依樣畫葫蘆試著自己整理看看,畢竟「圖表」幫助記憶的功能絕對比「文字」來的快且有效;我們在考試時,只要照著館主說的「看圖說故事」,有組織有架構的順著圖形一路「滑」下去,即便我們法條內容寫得2266,但至少重要的條號能寫出來,改考卷老師還是大概會知道你在說什麼!分數就不會給得太難看了;總之,「阿里不答關聯圖」先給他記起來就對了!而文章細部內容就利用「莫名其妙口訣」幫助記憶之外,就剩下考生自己多練習了。

「地上權‧農育權」是雙胞胎

★ 普通地上權 832(名稱與條號一切記呦!)

破題:

1、民法832條,地上權謂在他人土地上下,為建築物或其他工作物為目的而使用收益之權。

2、不限於地上,亦及於土地上下,不以支付地租為必要,不以定有期限為必要。(田旱耕地地上權,建物不得設立地上權)

3、為限定物權:地上權設定後所有權即受限制之一種支配權。

4、為以經濟活動為基礎之財產權。

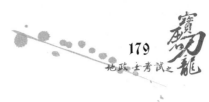

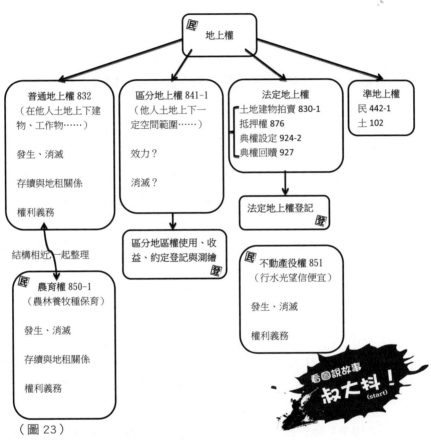

（圖 23）

5、為用益物權：

　　a · 838：地上權與建築物或其他工作物不得分離而為之讓與
　　　　或設定其他權利。

　　b · 836-2：地上權人應依設定之目的及約定之使用方法，為
　　　　土地之使用收益；未約定使用方法者，應依土地之性質為
　　　　之，並均應保持其得永續利用。前項約定之使用方法，非
　　　　經登記，不得對抗第三人。

　　c · 841：地上權不因建築物或其他工作物之滅失而消滅。

6、具有調合土地與建物，有而無用或用而無有之社會作用。

★ **農育權 850-1**（口訣：農．林．養．牧．種．保育）

破題：

1、民法850-1條，農育權謂在他人土地上，為農作，森林，養殖，畜牧，種植，保育之權。存續期不得逾20年，逾者縮短為20年。但造林，保育，法律另有規定者，不再此限。

2、不以支付地租為必要，不以定有期限為必要。（建物不得設立農育權）。

3、為限定物權：農育權設定後所有權即受限制之一種支配權。

4、為以經濟活動為基礎之財產權。

5、為用益物權：

a・850-3：農育權人得將其權利讓與他人或設定抵押權。但契約另有約定或另有習慣者，不在此限。前項約定，非經登記不得對抗第三人。農育權與其農育工作物不得分離而為讓與或設定其他權利。

b・850-6：農育權人應依設定之目的及約定之方法，為土地之使用收益；未約定使用方法者，應依土地之性質為之，並均應保持其生產力或得永續利用。農育權人違反前項規定，經土地所有人阻止而仍繼續為之者，土地所有人得終止農育權。農育權經設定抵押權者，並應同時將該阻止之事實通知抵押權人。

c・850-9：……於農育權準用之。

6、具有調合業佃關係之社會作用。

Q、地上權發生原因？農育權發生原因？

答：地上權發生（口訣：設，讓，租，法，繼，時）

1、基於法律行為：

a・「設」定：當事人合意，書面為之，登記生效78

b・「讓」與：882，地上權得讓與他人或設定抵押權，契約另有約定或習慣者，不在此限；838：地上權與建築物或其他工作物不得分離而為之讓與或設定其他權利。

地上權讓與或設定其他權利，非經登記不得對抗第三人；經登記者，受讓人與第三人當受拘束。

c・「租」賃基地興建房屋：產生準地上權，（看準地上權）民422-1，土102

2、法律行為以外原因：

a・「法」定地上權：（看法定地上權）

b・「繼」承：民1147，759

c・「時」效取得：769，770，772

Q、農育權發生？（口訣：設、讓、繼、時）

答：

1、基於法律行為：

a・「設」定：當事人合意，書面為之，登記生效78

b・「讓」與：882，地上權得讓與他人或設定抵押權，契約另有約定或習慣者，不在此限；850-3：農育權與農育工作物不得分離而為之讓與或設定其他權利。地上權讓與或設定其他權利，非經登記不得對抗第三人；經登記者，受讓人與第三人當受拘束。

2、法律行為以外原因：

　　　a‧「繼」承：民1147，759

　　　b‧「時」效取得：769，770，772

Q、地上權消滅原因？（口訣：借，錢，為，滅，妻）

Q、消滅後之效力為何？

答：

　　1、存續期「屆」滿（內容請考生自行增加）

　　2、積「欠」地租而終止

　　3、「違」反約定方法使用土地：（重要！）836-3，地上權人違反前條第一項規定，經土地所有人阻止而仍繼續為之者，土地所有人得終止地上權。地上權經設定抵押權者，並應同時將該阻止之事實通知抵押權人。

　　4、約定使用方法事由消「滅」

　　5、地上權拋「棄」834，835，833-1

　　6、地上權消滅時，地上權人有返還土地之義務，工作物與建築物處理如下：

　　　a‧建築物以外之工作物處理：（口訣：地權人取回，土所人買回）839，地上權消滅時，地上權人得取回其工作物。但應回復土地原狀。地上權人不於地上權消滅後一個月內取回其工作物者，工作物歸屬於土地所有人。其有礙於土地之利用者，土地所有人得請求回復原狀。地上權人取回其工作物前，應通知土地所有人。土地所有人願以時價購買者，地上權人非有正當理由，不得拒絕。

　　　b‧建築物之處理：（口訣：土所人補償，不補不答延長之）840，地上權人之工作物為建築物者，如地上權因存續期間屆滿而消滅，地上權人得於期間屆滿前，定一個月以上

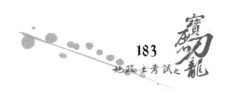

之期間，請求土地所有人按該建築物之時價為補償。但契約另有約定者，從其約定。土地所有人拒絕地上權人前項補償之請求或於期間內不為確答者，地上權之期間應酌量延長之。地上權人不願延長者，不得請求前項之補償。第一項之時價不能協議者，地上權人或土地所有人得聲請法院裁定之。土地所有人不願依裁定之時價補償者，適用前項規定。依第二項規定延長期間者，其期間由土地所有人與地上權人協議定之；不能協議者，得請求法院斟酌建築物與土地使用之利益，以判決定之。前項期間屆滿後，除經土地所有人與地上權人協議者外，不適用第一項及第二項規定。

Q、農育權消滅原因？（口訣：借、錢、為、租、妻）

Q、消滅後之效力為何？

答：

1、存續期「屆」滿（內容請考生自行增加）

2、積「欠」地租而終止：（重要！）

3、「違」反約定方法使用土地：（重要！）850-6，農育權人應依設定之目的及約定之方法，為土地之使用收益；未約定使用方法者，應依土地之性質為之，並均應保持其生產力或得永續利用。農育權人違反前項規定，經土地所有人阻止而仍繼續為之者，土地所有人得終止農育權。農育權經設定抵押權者，並應同時將該阻止之事實通知抵押權人。

4、出「租」於他人：（重要！）農育權人不得將土地或農育工作物出租於他人，但另有習慣，從其習慣。農育權人違反前項規定時，土地所有權人得終止農育權。

5、地上權拋「棄」：834、835，農育權消滅時，農育權人有返還土地之義務，出產物與農育工作物處理如下。

　　a・出產物及工作物：850-7農育權消滅時，農育權人得取回其土地上之出產物及農育工作物。第八百三十九條規定，於前項情形準用之。第一項之出產物未及收穫而土地所有人又不願以時價購買者，農育權人得請求延長農育權期間至出產物可收穫時為止，土地所有人不得拒絕。但延長之期限，不得逾六個月。

　　b・特別改良：850-8，農育權人得為增加土地生產力或使用便利之特別改良。農育權人將前項特別改良事項及費用數額，以書面通知土地所有人，土地所有人於收受通知後不即為反對之表示者，農育權人於農育權消滅時，得 請求土地所有人返還特別改良費用。但以其現存之增價額為限。前項請求權，因二年間不行使而消滅。

Q、地上權與農育權之存續期與地租關係？（口訣：未，定，無，有）

答：

　1、「未」定期限者：

　　a・833-1，地上權未定有期限者，存續期間逾二十年或地上權成立之目的已不存在時，法院得因當事人之請求，斟酌地上權成立之目的、建築物或工作物之種 類、性質及利用狀況等情形，定其存續期間或終止其地上權。

　　b・833-2，以公共建設為目的而成立之地上權，未定有期限者，以該建設使用目的完畢時，視為地上權之存續期限。

　2、「定」要期限者：地上權存續期屆至時，地上權歸於消滅。

3、「無」地租（無償）約定者：

　　a‧834，地上權無支付地租之約定者，地上權人得隨時拋棄
　　　其權利。

　　b‧835，地上權定有期限，而有支付地租之約定者，地上權
　　　人得支付未到期之三年分地租後，拋棄其權利。 地上權
　　　未定有期限，而有支付地租之約定者，地上權人拋棄權利
　　　時，應於一年前通知土地所有人，或支付未到期之一年分
　　　地租。因不可歸責於地上權人之事由，致土地不能達原來
　　　使用之目的時，地上權人於支付前二項地租二分之一後，
　　　得拋棄其權利；其因可歸責於土地所有人之事由，致土地
　　　不能達原來使用之目的時，地上權人亦得拋棄其權利， 並
　　　免支付地租。

4、「有」地租（有償）約定者：835-1，地上權設定後，因土地
價值之昇降，依原定地租給付顯失公平者，當事人得請求法院增
減之。未定有地租之地上權，如因土地之負擔增加，非當時所得預
料，仍無償使用顯失公平者，土地所有人得請求法院酌定其地租。

Q、農育權存續期與地租關係？

答：

　　1、「未」定期限者：850-2，農育權未定有期限時，除以造林、
保育為目的者外，當事人得隨時終止之。前項終止，應於六個月前
通知他方當事人。第八百三十三條之一規定，於農育權以造林、保
育為目的而未定有期限者準用之。

　　2、「定」要期限者：850-1後，農育權之期限，不得逾二十年；
逾二十年者，縮短為二十年。但以造林、 保育為目的或法令另有規
定者，不在此限

3、「無」地（無償）租約定者：準用834，835

4、「有」地租（有償）約定者：850-4，農育權有支付地租之約定者，農育權人因不可抗力致收益減少或全無時，得請求減免其地租或變更原約定土地使用之目的。前項情形，農育權人不能依原約定目的使用者，當事人得終止之。前項關於土地所有人得行使終止權之規定，於農育權無支付地租之約定者，準用之。

Q、地上權人之權利與義務？

答：權利（用，拋棄，讓，抵，優先，相鄰權）；義務（永續，不得，付）

Q、農育權人之權利與義務？

答：權利（用，拋棄，讓，抵，減免，相鄰權）；義務（永續，禁租，付）

★ **區分地上權 841-1**

破題：841-1，稱區分地上權者，謂以在他人土地上下之」一定空間範圍內「設定之地上權」。

社會文明進步不已，土地利用由平面趨向於立體化，而有在土地上下設立地上權之必要。與普通地上權相較僅是設定範圍量之變化，而無質之不同。841-6，區分地上權，除本節另有規定外，準用關於普通地上權之規定。

Q、區分地上權設定之效力？（口訣：相鄰收益約，後設不害先設）

答：

1、774~798乃規定不動產平面之相鄰關係，無法適用於區分地

上權之立體關係。841-2，區分地上權人得與其設定之土地上下有使用、收益權利之人，約定相互間使用收益之限制。其約定未經土地所有人同意者，於使用收益權消滅時，土地所有人不受該約定之拘束。前項約定，非經登記，不得對抗第三人。

（土登題目：區分地上權人與設定之土地上下有使用收益權利之人，就相互間的使用收益，限制約定事項於申請登記時，登記機關如何辦理？登155-2，登155-3）

2、土地所有權人於同一土地，設定區分地上權後得再設定以使用收益為目的之物權，反之亦然。841-5，同一土地有區分地上權與以使用收益為目的之物權同時存在者，其後設定物權之權利行使，不得妨害先設定之物權。

Q、區分地上權消滅時之效力？（口訣：第三人斟酌，第三人補償）
答：

1、841-3，法院依第八百四十條第四項定區分地上權之期間，足以影響第三人之權利者，應併斟酌該第三人之利益。

2、841-4，區分地上權依第八百四十條規定，以時價補償或延長期間，足以影響第三人之權利時，應對該第三人為相當之補償。補償之數額以協議定之；不能協議時，得聲請法院裁定之。

3、足以影響第三人指同意設定區分地上權之第三人或相鄰之區分地上權人。

Q、土登題目：區分地上權人與設定之土地上下有使用收益權利之人，就相互間的使用收益，限制約定事項於申請登記時，登記機關如何辦理？
答：

1、寫7.1章節的登各公式

2、登108，108-1

3、登155-2，區分地上權人與設定之土地上下有使用、收益權利之人，就相互間使用收益限制之約定事項申請登記時，登記機關應於該區分地上權及與其有使用收益限制之物權其他登記事項欄記明收件年月日字號及使用收益限制內容詳土地使用收益限制約定專簿。前項約定經土地所有權人同意者，登記機關並應於土地所有權部其他登記事項欄辦理登記；其登記方式準用前項規定。

4、登155-3，登記機關依前二條規定辦理登記後，應就其約定、決定或法院裁定之文件複印裝訂成共有物使用管理專簿或土地使用收益限制約定專簿，提供閱覽或申請複印，其提供資料內容及申請人資格、閱覽費或複印工本費之收取，準用第二十四條之一及土地法第七十九條之二。

Q、區分地上權如何申請複丈，由誰申請？如何測繪？

答：

1、寫7.1章節的登各公式

2、登108，於一宗土地內就其特定部分申請設定地上權、不動產役權、典權或農育權登記時，應提出位置圖。因主張時效完成，申請地上權、不動產役權或農育權登記時，應提出占有範圍位置圖。前二項位置圖應先向該管登記機關申請土地複丈。土地複丈申請人，測205。

3、測231，地上權、農育權、不動產役權或典權之平面位置測繪，依下列規定： 一、同一他項權利人在數宗土地之一部分設定同一性質之他項權利者，應儘量測繪在同一幅土地複丈圖內；二、一宗土地同時申請設定二以上同一性質之他項權利者，應在同一幅土地複丈圖內分別測繪他項權利位置；三、他項權利位置圖，用紅色

實線繪製他項權利位置界線，並用黑色實線 繪明土地經界線，其他項權利位置界線與土地經界線相同者，用黑色實線繪明；四、因地上權分割申請複丈者，應於登記完畢後，在原土地複丈圖上註明地上權範圍變更登記日期及權利登記先後次序；五、測量完畢，登記機關應依土地複丈圖謄繪他項權利位置圖二份，分別發給他項權利人及土地所有權人。前項他項權利之位置，應由會同之申請人當場認定，並在土地複丈圖上簽名或蓋章。

4、231-2，區分地上權之位置測繪，依下列規定：一、平面範圍之測繪，依第二百三十一條規定辦理；二、垂直範圍之測繪，應由申請人設立固定參考點，並檢附設定空間範圍圖說，供登記機關據以繪製其空間範圍，登記機關並應於土地複丈圖及他項權利位置圖註明該點位及其關係位置。以建物之樓層或其特定空間為設定之空間範圍，如該建物已測繪建物測量成果圖者，得於土地複丈圖及他項權利位置圖載明其位置圖參見該建物測量成果圖，或其他適當之註記。

★ 法定地上權

破題：

法定地上權為地上權之一種樣態，普通地上權發生原因有基於法律行為之原因（接758），亦有基於非法律行為之原因（接759）；而法定地上權乃基於「法律規定」而產生。

其立法目的在於簡化土地與建物所有權與使用權之關係，避免土地與建物有而無用或用而無有之情形，具有調合「有與用」之社會作用。

Q、法定地上權之總整理？

Q、土登題目，法定地上權於建物滅失時當事人及登記機關如何登記？（登31）

答：841，地上權不因建築物或其他工作物之滅失而消滅。登31，建物滅失時，該建物所有權人未於規定期限內申請消滅登記者，得由土地所有權人或其他權利人代位申請；亦得由登記機關查明後逕為辦理消滅登記。前項建物基地有法定地上權登記者，應同時辦理該地上權塗銷登記；建物為需役不動產者，應同時辦理其供役不動產上之不動產役權塗銷登記。登記機關於登記完畢後，應將登記結果通知該建物所有權人及他項權利人建物已辦理限制登記者，並應通知囑託機關或預告登記請求權人。

1、抵押權執行拍賣時。876，設定抵押權時，土地及其土地上之建築物，同屬於一人所有，而僅以土地或僅以建築物為抵押者，於抵押物拍賣時，視為已有地上權之設定，其地租、期間及範圍由當事人協議定之。不能協議者，得聲請法院以判決定之。設定抵押權時，土地及其土地上之建築物，同屬於一人所有，而以土地及建築物為抵押者，如經拍賣，其土地與建築物之拍定人各異時，適用前項之規定。

2、土地與建物同屬一人，因強制執行拍賣時及土地建物拍賣各異時。838-1土地及其土地上之建築物，同屬於一人所有，因強制執行之拍賣，其土地與建築物之拍定人各異時，視為已有地上權之設定，其地租、期間及範圍由當事人協議定之；不能協議者，得請求法院以判決定之。其僅以土地或建築物為拍賣時，亦同。前項地上權，因建築物之滅失而消滅。（注意！此為841之例外）

3、典權人取得典物所有權時。924-2土地及其土地上之建築物同屬一人所有，而僅以土地設定典權者，典權人與建築物所有人間，推定在典權或建築物存續中，有租賃關係存在；其僅以建築物設定典權者，典權人與土地所有人間，推定在典權存續中，有租賃

關係存在；其分別設定典權者，典權人相互間，推定在典權均存續中，有租賃關係存在。前項情形，其租金數額當事人不能協議時，得請求法院以判決定之。依第一項設定典權者，於典權人依第九百十三條第二項、第九百二十三條 第二項、第九百二十四條規定取得典物所有權，致土地與建築物各異其所 有人時，準用第八百三十八條之一規定

4、典物回贖時。927，典權人因支付有益費用，使典物價值增加，或依第九百二十一條規定，重建或修繕者，於典物回贖時，得於現存利益之限度內，請求償還。第八百三十九條規定，於典物回贖時準用之。典物為土地，出典人同意典權人在其上營造建築物者，除另有約定外，於典物回贖時，應按該建築物之時價補償之。出典人不願補償者，於回贖時視為已有地上權之設定。出典人願依前項規定為補償而就時價不能協議時，得聲請法院裁定之；其不願依裁定之時價補償者，於回贖時亦視為已有地上權之設定。前二項視為已有地上權設定之情形，其地租、期間及範圍，當事人不能協議時，得請求法院以判決定之。

★ 準地上權（民 422-1．土 102）

破題：

1、立法目的：為保護經濟弱者，抑制土地所有權人與承租基地之人爭議，使租賃之債權關係予以準物權化；準地上權之規定得對抗相對人亦可對抗第三人。

2、依民法421所稱租賃是：稱租賃者，謂當事人約定，一方以物租與他方使用收益，他方支付租金之契約。前項租金，得以金錢或租賃物之孳息充之。

　　3、土地法所稱基地租賃是指承租他人土地在該基地建築房屋而言。

Q、土地法對基地租賃限制？就地上權登記，租金，押金，收回權說明之。（包括民法及土地法基地租賃考題）

Q、基地租賃時，出租人與承租人約定有何限制？若有爭議如何處置？

答：

　　1、民422，不動產之租賃契約，其期限逾一年者，應以字據訂立之，未以字據訂立者，視為不定期限之租賃。

　　2、民422-1，租用基地建築房屋者，承租人於契約成立後，得請求出租人為地上權之登記。

　　3、土102，租用基地建築房屋，應由出租人與承租人於契約訂立後二個月內，聲請該管直轄市或縣（市）地政機關為地上權之登記。

　　　a·其規定期限二個月為訓示期間，不因逾期而喪失聲請登記之權利。

　　　b·依法聲請地上權登記除適用民法地上權之規定，亦可適用土地法基地租賃之規定，如縱未辦理地上權登記，仍適用土地法102條租地建屋之規定。

「不動產役權」是雙胞胎的表兄弟

★ 不動產役權 851（口訣：行·水·光·望·信·便宜）

　　破題：

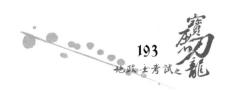

1、851，稱不動產役權者，謂以他人不動產供自己不動產通行、汲水、採光、眺望、電信或其他以特定便宜之用為目的之權。

2、不以支付地租為必要，不以定有期限為必要，不以相鄰為必要，可設定於土地亦可設定於建物。

3、為限定物權：不動產役權權設定後所有權即受限制之一種支配權。

4、為以經濟活動為基礎之財產權。

5、為用益物權：以他人不動產提升自己不動產使用價值之用益物權。

 a・後設不害先設：851-1，同一不動產上有不動產役權與以使用收益為目的之物權同時存在者，其後設定物權之權利行使，不得妨害先設定之物權。

 b・為需役不動產所有權之從權利：853，不動產役權不得由需役不動產分離而為讓與，或為其他權利之標的物。

 c・非經登記不得對抗：（834~836-3，於不動產役權準用之）。836-2，地上權人應依設定之目的及約定之使用方法，為土地之使用收益；未約定使用方法者，應依土地之性質為之，並均應保持其得永續利用。前項約定之使用方法，非經登記，不得對抗第三人。

 d・用益不動產役權因關係消滅而消滅：859-3，基於以使用收益為目的之物權或租賃關係而使用需役不動產者，亦得為該不動產設定不動產役權。前項不動產役權，因以使用收益為目的之物權或租賃關係之消滅而消滅。

6、具有謀求不動產間合理之有效利用發揮整體效益之作用。

Q、不動產役權之特性？（口訣：從，不分，不占）

答：

1、從屬性：853，不動產役權不得由需役不動產分離而為讓與，或為其他權利之標的物。

2、不可分性：856，需役不動產經分割者，其不動產役權為各部分之利益仍為存續。但不動產役權之行使，依其性質祇關於需役不動產之一部分者，僅就該部分仍為存續。857，供役不動產經分割者，不動產役權就其各部分仍為存續。但不動產役權之行使，依其性質關於。

3、不具獨占性：851-1，同一不動產上有不動產役權與以使用收益為目的之物權同時存在者，其後設定物權之權利行使，不得妨害先設定之物權。

Q、何謂用益權人之不動產役權？

答：

1、859-3，基於以使用收益為目的之物權或租賃關係而使用需役不動產者，亦得為該不動產設定不動產役權。前項不動產役權，因以使用收益為目的之物權或租賃關係之消滅而消滅。859-5 條，第八百五十一條至第八百五十九條之二規定，於前二條準用之。

2、立法目的：為發揮不動產物權功能，增加土地及定著物價值，得設定不動產役權之人，地上權人及其他以使用收益唯目的之物權或租賃關係而使用需役不動產者亦得為之。

Q、何謂自己不動產役權？

答：

1、859-4，不動產役權，亦得就自己之不動產設定之。859-5，

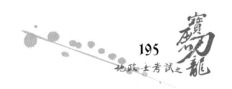

第八百五十一條至第八百五十九條之二規定，於前二條準用之。

　　2、立法目的：為提高不動產價值，節省嗣後不動產交易成本，維持相互間利用關係，

Q、不動產役權發生？（口訣：設，讓，繼，時）

答：

　　1、基於法律行為：

　　　　a·「設」定：當事人合意，書面為之，登記生效。758

　　　　b·「讓」與：853，不動產役權不得由需役不動產分離而為讓與，或為其他權利之標的物。（意即讓與不動產役權有其從屬性）地上權讓與或設定其他權利，非經登記不得對抗第三人；經登記者，受讓人與第三人當受拘束。

　　2、法律行為以外原因：

　　　　a·「繼」承：民1147，759

　　　　b·「時」效取得：769，770，772。

　　不動產役權時效取得特別規定，852，不動產役權因時效而取得者，以繼續並表見者為限。前項情形，需役不動產為共有者，共有人中一人之行為，或對於共有人中一人之行為，為他共有人之利益，亦生效力。向行使不動產役權取得時效之各共有人為中斷時效之行為者，對全體共有人發生效力。

Q、不動產役權消滅？（口訣：借，錢，為，無不堪）

答：

　　1、存續期「屆」滿：（內容請考生自行增加）

　　2、積「欠」地租而終止：（準用地上權規定，重要！）

3、「違」反約定方法使用土地：（準用地上權規定重要！）

4、「無」存在必要：859I，不動產役權之全部或一部無存續之必要時，法院因供役不動產所有人之請求，得就其無存續必要之部分，宣告不動產役權消滅。

5、859II，不動產役權因需役不動產滅失或「不堪」使用而消滅。

Q、不動產役權消滅後之效力？

答：

1、不動產役權人應回復原狀返還土地。

2、辦理塗銷登記：登31，物滅失時，該建物所有權人未於規定期限內申請消滅登記者，得由土地所有權人或其他權利人代位申請；亦得由登記機關查明後逕為辦理消滅登記。前項建物基地有法定地上權登記者，應同時辦理該地上權塗銷登記；建物為需役不動產者，應同時辦理其供役不動產上之不動產役權塗銷登記。登記機關於登記完畢後，應將登記結果通知該建物所有權人及他項權利人。建物已辦理限制登記者，並應通知囑託機關或預告登記請求權人。登148，土地滅失時應申請消滅登記；其為需役土地者，應同時申請其供役不動產上之不動產役權塗銷登記。前項土地有他項權利或限制登記者，登記機關應於登記完畢後通知他項權利人、囑託機關或預告登記請求權人。

3、役權人對於設置物之取回權，與供役地所有權人之購買權，準用地上權839規定。

Q、不動產役權人之權利與義務？

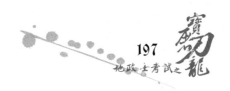

答：

1、役權人權利：（口訣：使用，必隨，變更）

　a・對供役地「使用」權：851

　b・得為「必要之附隨」行為：854，不動產役權人因行使或維持其權利，得為必要之附隨行為。但應擇於供役不動產損害最少之處所及方法為之。

　c・有「變更」權：855-1，供役不動產所有人或不動產役權人因行使不動產役權之處所或方法有變更之必要，而不甚妨礙不動產役權人或供役不動產所有人權利之行使者，得以自己之費用，請求變更之。

2、役權人義務：（口訣：支付，維持，相鄰）

　a・「支付」對價義務（指有償不動產役權）：836，836-1。

　b・「維持」設置之義務：855，不動產役權人因行使權利而為設置者，有維持其設置之義務；其設置由供役不動產所有人提供者，亦同。供役不動產所有人於無礙不動產役權行使之範圍內，得使用前項之設置，並應按其受益之程度，分擔維持其設置之費用。

　c・不動產「相鄰」關係：800-1，七百七十四條至前條規定，於地上權人，農育權人，不動產役權人，典權人，承租人，其他土地，建築物或其他工作物利用人準用之。

土登各論「時效取得之登記與測量」

Q、總則篇的「時效制度」與「時效取得不動產所有權」？

答：時效制度是指依據一定事實，經過一定時間，發生一定之法律效果的制度；時效制度乃為尊重現存之社會秩序，避免舉證困難，同時法律不保護在權利上睡著的人；其中包括「取得時效」與「消

滅時效」，時效期間不得依法律行為加長或減短，亦不得預先拋棄
時效之利益。

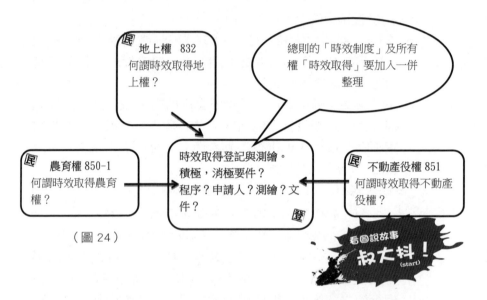

地上權　832
何謂時效取得地
上權？

總則的「時效制度」及所有
權「時效取得」要加入一併
整理

農育權 850-1
何謂時效取得農育
權？

時效取得登記與測繪。
積極，消極要件？
程序？申請人？測繪？文
件？

不動產役權 851
何謂時效取得不動產
役權？

（圖 24）

看圖說故事
叔大科！
(start)

時效取得不動產所有權：769，以所有之意思20年間，和平，
公然，繼續佔有他人「未登記」之不動產，得請求登記為所有人。
770，同769，唯規定「自始善意且無過失」這者為「10年間」，以所
有意思，和平，公然，繼續佔有他人「未登記」之不動產，得請求
登記為所有人。

Q、時效取得不動產所有權之效力？

答：

　　1、僅取得登記請求權，仍須登記始生效力。民758。

　　2、不適用於他人未登記之不動產（登記者縱使和平，公然，繼
續佔有仍不得請求）

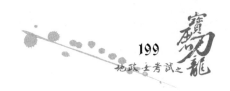

3、772，前五條（動產時效取得，不動產時效取得，取得時效中斷）於所有權以外之財產權，準用之，於已登記之不動產亦同。

Q、何謂時效取得地上權（農育權）？土地所有權人主張拆屋還地，地上權人主張擁有地上權？

答：（關鍵在於是否已完成登記！）

　　1、先寫時效取得所有權，769，770

　　2、772，前五條（動產時效取得，不動產時效取得，取得時效中斷）於所有權以外之財產權，準用之，於已登記之不動產亦同。

　　3、時效取得地上權（農育權）：

　　　　a·不以佔有他人未登記之不動產為必要，苟以行使地上權（農育權）之意思，20年間和平，公然，繼續在他人土地上有建築物或其他工作物（作物或農育工作物）為目的。

　　　　b·無論該他人土地已否登記均得請求登記為地上權（農育權）人。

　　　　c·唯僅取得登記請求權，仍須經登記始生效力，民758。

　　　　d·地政機關於受理土地權利登記前仍屬無權佔有，仍有拆屋還地之可能情事。

Q、何謂時效取得不動產役權？

答：

　　1、先寫時效取得所有權，769，770

　　2、772，前五條（動產時效取得，不動產時效取得，取得時效中斷）於所有權以外之財產權，準用之，於已登記之不動產亦同。

　　3、時效取得不動產役權：

a·以行使不動產役權之意思，20年間和平，公然，繼續以他人土地供自己不動產通行，汲水，採光，眺望，通信，其他特定便宜之用為目的。

b·唯僅取得登記請求權，仍須經登記始生效力，民758。

c·852（重要！），不動產役權因時效而取得者，以繼續並表見者為限。前項情形，需役不動產為共有者，共有人中一人之行為，或對於共有人中一人之行為，為他共有人之利益，亦生效力。向行使不動產役權取得時效之各共有人為中斷時效之行為者，對全體共有人發生效力。

Q、不動產用益物權取得時效中斷事由？

答：771，占有人有下列情形之一者，其所有權之取得時效中斷：1、變為不以所有之意思而占有。2、變為非和平或非公然占有。3、自行中止占有。4、非基於自己之意思而喪失其占有。但依第九百四十九條或第九百六十二條規定，回復其占有者，不在此限。依第七百六十七條規定起訴請求占有人返還占有物者，占有人之所有權取得時效亦因而中斷。

土登題目：

Q、時效取得地上權，農育權，不動產役權要件？

答：

1、積極要件：

a·土地辦理總登記：登11，未經登記所有權之土地，除法律或本規則另有規定外，不得為他項權利登記或限制登記。

b·符合民769，779，772規定。

c·無771中斷事由。

　　d‧占有人具有意思能力：占有為事實行為，無關行為能力。

2、消極要件：（不得主張時效取得）

　　a‧依土14不得為私有之土地。

　　b‧違反土地使用分區分區管制法令。

　　c‧農發條例3。

　　d‧其他依法不得主張時效取得之土地：如852，不動產役權
　　　　因時效而取得者，以繼續並表見者為限。

Q、主張時效取得申請登記程序？文件？何人申請？（如何測繪？）

Q、主張時效取得，土地所有權人提出異議該如何處理？

答：（口訣：丈，人，費，審，測，文件）

　　1、申請同地複「丈」：登108，於一宗土地內就其特定部分申
請設定地上權、不動產役權、典權或農育權登記時，應提出位置
圖。因主張時效完成，申請地上權、不動產役權或農育權登記時，
應提出占有範圍位置圖。前二項位置圖應先向該管登記機關申請土
地複丈。

　　2、權利「人」單獨申請：

　　　　a‧登27（15），下列登記由權利人或登記名義人單獨申請
　　　　　之，（15）依民法第七百六十九條、第七百七十條或第
　　　　　七百七十二條規定因時效完成之登記。

　　　　b‧測205（4），申請複丈，由土地所有權人或管理人向土地
　　　　　所在地登記機關為之。但有下列情形之一者，各依其規定
　　　　　辦理：（4）依民法第七百六十九條、第七百七十條或第
　　　　　七百七十二條規定因時效完成所為之登記請求者，由權利
　　　　　人申請。

　　3、計算規「費」：

　　a‧土76，聲請為土地權利變更登記，應由權利人按申報地價或權利價值千分之一繳納登記費。聲請他項權利內容變更登記，除權利價值增加部分，依前項繳納登記費外，免納登記費。

　　b‧登49II，申請地上權，永佃權，不動產役權，耕作權或農育權之設定或移轉登記，其權利價值不明者，應由申請人於申請書適當欄內自行加註，再依法計收 登記費。

4、「審」查與公告：依登118及「時效取得地上權審查要點13」：

　　a‧土地總登記後，因主張時效完成申請地上權登記時，應提出以行使地上權 意思而占有之證明文件及占有土地四鄰證明或其他足資證明開始占有至申請登記時繼續占有事實之文件。前項登記之申請，經登記機關審查證明無誤應即公告。

　　b‧公告期間為三十日，並同時通知土地所有權人。土地所有權人在前項公告期間內，如有異議，依土地法第五十九條第二項規定處理。審查結果涉及私權爭議時？依登57，有下列各款情形之一者，登記機關應以書面敘明理由及法令依據，駁回登記之申請：一、不屬受理登記機關管轄者。二、依法不應登記者。三、登記之權利人、義務人或其與申請登記之法律關係有關之權利關係人 間有爭執者。四、逾期未補正或未照補正事項完全補正者。申請人不服前項之駁回者，得依訴願法規定提起訴願。依第一項第三款駁回者，申請人並得訴請司法機關裁判。

　　c‧前四項規定，於因主張時效完成申請不動產役權、農育權登記時準用之。

　　d‧注意時效取得地上權審查要點15。

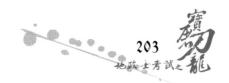
5、占有位置圖如何「測」繪：

　　a‧測231-1，申請時效取得地上權、農育權或不動產役權者，應依申請人所主張占有範圍測繪，並就下列符合民法地上權、農育權、不動產役權要件之使用情形測繪其位置及計算面積：一、普通地上權之位置，以其最大垂直投影範圍測繪；區分地上權之位置，以在土地上下之一定空間範圍，分平面與垂直範圍測繪。二、農育權、不動產役權之位置，以其實際使用現況範圍測繪。

　　b‧申請人應注意？前項複丈之位置，應由申請人當場認定，並在土地複丈圖上簽名或蓋章，其發給之他項權利位置圖應註明依申請人主張占有範圍測繪，其實際權利 範圍，以登記審查確定登記完畢為準。

　　c‧關係人不同意測繪結果時？關係人不同意申請人所主張之占有範圍位置時，登記機關仍應發給他項權利位置圖，並將辦理情形通知關係人。

　　d‧登記機關如何登記？登108-1，申請地上權或農育權設定登記時，登記機關應於登記簿記明設定之目的及範圍；並依約定記明下列事項：一、存續期間。二、地租及其預付情形。三、權利價值。四、使用方法。五、讓與或設定抵押權之限制。前項登記，除第五款外，於不動產役權設定登記時準用之。

　　6、應提出之「文件」：依登34（口訣：申，原因，狀，身份，其他）申請登記，除本規則另有規定外，應提出下列文件。

　　　　‧登記「申」請書。

　　　　‧登記「原因」證明文件。（登108，登118，測208）

　　　　‧已登記者，其所有權「狀」或他項權利證明書。

　　　　‧申請人「身分」證明。

．「其他」由中央地政機關規定應提出之證明文件。前項第
四款之文件，能以電腦處理達成查詢者，得免提出。

「**典權**」是雌雄同體

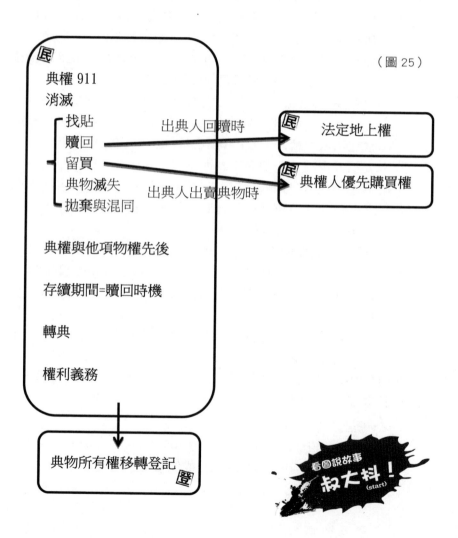

（圖 25）

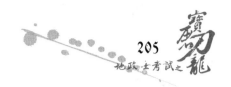

★ 典權 911

破題：

1、民法911條，稱典權者，謂支付典價在他人之不動產為使用、收益、於他人不回贖時，取得該不動產所有權之權。

2、以支付典價為必要，不以定有期限為必要。

3、為限定物權：典權設定後所有權即受限制之一種支配權。

4、為以經濟活動為基礎之財產權。

5、為用益物權：

　　a・其效力僅次於所有權之用益物權；典權人對於典物除處分外其使用收益無異於所有權人。具有擔保之性質（然並非擔保物權），卻有買賣之實益。

　　b・917-1：典權人應依典物之性質為使用收益，並應保持其得永續利用。典權人違反前項規定，經出典人阻止而仍繼續為之者，出典人得回贖其典物。典權經設定抵押權者，並應同時將該阻止之事實通知抵押權人。

6、具有獲得租金融通之社會作用。

Q、典權消滅原因？（口訣：找，叔，買，滅，妻）

答：

1、典權人「找」貼：926，出典人於典權存續中，表示讓與其典物之所有權於典權人者，典權人得按時價找貼，取得典物所有權。前項找貼，以一次為限。

2、出典人「贖」回：

　　a・出典人提出以原典價向典權人表示回贖典物之意思，使典權消滅之權利。

　　b・贖回方法：925，出典人之回贖，應於六個月前通知典權

人。

　　c · 典權贖回時機：（看Q、典權之存續期間，亦為回贖時機？）。

　　d · 典權回贖產生法定地上權（924-2，927，請看「法定地上權」一節）。

3、典權人行使優先留「買」權：（注意！買賣不破典）

　　a · 918，出典人設定典權後，得將典物讓與他人。但典權不因此而受影響。

　　b · 919，出典人將典物出賣於他人時，典權人有以相同條件留買之權。前項情形，出典人應以書面通知典權人。典權人於收受出賣通知後十日內不以書面表示依相同條件留買者，其留買權視為拋棄。出典人違反前項通知之規定而將所有權移轉者，其移轉不得對抗典權人。

4、典物「滅」失：

　　a · 920，典權存續中，典物因不可抗力致全部或一部滅失者，就其滅失之部分，典權與回贖權，均歸消滅。前項情形，出典人就典物之餘存部分，為回贖時，得由原典價扣除滅失部分之典價。其滅失部分之典價，依滅失時滅失部分之價值與滅失時典物之價值比例計算之。

　　b · 不可抗力而滅失：921，典權存續中，典物因不可抗力致全部或一部滅失者，除經出典人同意外，典權人僅得於滅失時滅失部分之價值限度內為重建或修繕。原典權對於重建之物，視為繼續存在。

　　c · 因典權人過失而滅失：922，典權存續中，因典權人之過失，致典物全部或一部滅失者，典權人於典價額限度內，負其責任。但因故意或重大過失，致滅失者，除將典價抵償損害外，如有不足，仍應賠償。

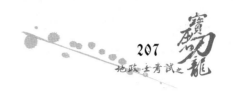
　　5、典權之拋「棄」與混同：764，762，763（請看「看到物權就想到登記的效力」一節）

Q、典權與抵押權「先後設定」之效果？

Q、同一土地，抵押權與典權並存之關係為何？抵押權人申請法院拍賣時，可否請法院塗銷典權？

答：

　　1、先抵後典：

　　　　a‧866，不動產所有人設定抵押權後，於同一不動產上，得設定地上權或其他以使用收益為目的之物權，或成立租賃關係。但其抵押權不因此而受影響。

　　　　b‧實行抵押權時，典權存在有影響抵押權時：866II，前項情形，抵押權人實行抵押權受有影響者，法院得除去該權利或終止該 租賃關係後拍賣之。

　　　　c‧實行抵押權時，典權存在不影響抵押權時：無須塗銷典權登記，他物權於抵押權無影響時仍得繼續存在。

　　　　d‧其他物權準用此規定：866III，不動產所有人設定抵押權後，於同一不動產上，成立第一項以外之權利者，準用前項之規定。

　　2、先典後抵：

　　依物權優先效力，設定在先之典權，不會因設定在後之抵押權而受影響，抵押權人實行抵押權拍賣時，不得請求法院塗銷典權。

　　917，典權人得將典權讓與他人或設定抵押權。典物為土地，典權人在其上有建築物者，其典權與建築物，不得分離而為讓與或其他處分。

Q、典權之存續期間，亦為回贖時機？

答：

1、典權定有期限：

　a·912，典權約定期限不得逾三十年。逾三十年者縮短為三十年。

　b·913，典權之約定期限不滿十五年者，不得附有到期不贖即作絕賣之條款。

　c·有絕賣條款者：典權附有絕賣條款者，出典人於典期屆滿不以原典價回贖時，典權人即取得典物所有權。絕賣條款非經登記，不得對抗第三人。

　d·典權定有期限者，於期限屆滿後，出典人得以原典價回贖典物。 出典人於典期屆滿後，經過二年，不以原典價回贖者，典權人即取得典物 所有權。

2、典權未定有期限：924，典權未定期限者，出典人得隨時以原典價回贖典物。但自出典後經過三十年不回贖者，典權人即取得典物所有權。

3、將典物轉典或租賃期限：915，典權存續中，典權人得將典物轉典或出租於他人。但另有約定或另有習慣者，依其約定或習慣。 典權定有期限者，其轉典或租賃之期限，不得逾原典權之期限，未定期限 者，其轉典或租賃，不得定有期限。轉典之典價，不得超過原典價。土地及其土地上之建築物同屬一人所有，而為同一人設定典權者，典權人 就該典物不得分離而為轉典或就其典權分離而為處分。

Q、何謂轉典？典物經轉典之回贖？

答：

　　1、915，典權存續中，典權人得將典物轉典或出租於他人。但另有約定或另有習慣者，依其約定或習慣。典權定有期限者，其轉典或租賃之期限，不得逾原典權之期限，未定期限者，其轉典或租賃，不得定有期限。轉典之典價，不得超過原典價。土地及其土地上之建築物同屬一人所有，而為同一人設定典權者，典權人就該典物不得分離而為轉典或就其典權分離而為處分。

　　2、916，典權人對於典物因轉典或出租所受之損害，負賠償責任。

　　3、924-1，經轉典之典物，出典人向典權人為回贖之意思表示時，典權人不於相當期間向轉典權人回贖並塗銷轉典權登記者，出典人得於原典價範圍內，以最後轉典價逐向最後轉典權人回贖典物。前項情形，轉典價低於原典價者，典權人或轉典權人得向出典人請求原典價與轉典價間之差額。出典人並得為各該請求權人提存其差額。前二項規定，於下列情形亦適用之：一、典權人預示拒絕塗銷轉典權登記。二、典權人行蹤不明或有其他情形致出典人不能為回贖之意思表示。

Q、典權人與出典人之權利義務？

答：

　　（一）典權人權利（口訣：用典租讓抵，取修繕費留）

　　1、使用：911，稱典權者，謂支付典價在他人之不動產為使用、收益，於他人不回贖時，取得該不動產所有權之權。

　　2、轉典：915，典權存續中，典權人得將典物轉典或出租於他人。但另有約定或另有習慣者，依其約定或習慣。

　　3、出租：915，典權定有期限者，其轉典或租賃之期限，不得逾原典權之期限，未定期限者，其轉典或租賃，不得定有期限。轉

典之典價，不得超過原典價。土地及其土地上之建築物同屬一人所有，而為同一人設定典權者，典權人就該典物不得分離而為轉典或就其典權分離而為處分。

4、讓與或設定抵押：917，典權人得將典權讓與他人或設定抵押權。典物為土地，典權人在其上有建築物者，其典權與建築物，不得分離而為讓與或其他處分。

5、期限屆滿取得典物所有權：913，923，924，926

6、修繕費用償還請求權：927I，921，準用839，地上權消滅時，工作物取回之規定於典物回贖時準用之。

7、優先留買權：918，919

（二）典權人義務（口訣：永續保管還）

1、保持典物永續利用：916，典權人對於典物因轉典或出租所受之損害，負賠償責任。917，典權人得將典權讓與他人或設定抵押權。典物為土地，典權人在其上有建築物者，其典權與建築物，不得分離而為 讓與或其他處分。

2、返還典物之義務：927II，準用839，地上權消滅時，工作物取回之規定於典物回贖時準用之。

（三）出典人權利（口訣：讓抵贖）

1、將典物讓與他人（含以找貼方式讓與典權人）：918，出典人設定典權後，得將典物讓與他人。但典權不因此而受影響。

2、將典物設定抵押權：大法官解釋，在不影響典權人權利下，出典人得對典物設定抵押權。

3、得回贖典物。

（四）出典人義務（擔保典物，費用償還）

1、擔保典物無瑕疵義務：

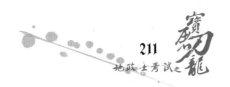

2、費用償還義務（含實價補償）：927，典權人因支付有益費用，使典物價值增加，或依第九百二十一條規定，重建或修繕者，於典物回贖時，得於現存利益之限度內，請求償還。第八百三十九條規定，於典物回贖時準用之。典物為土地，出典人同意典權人在其上營造建築物者，除另有約定外，於典物回贖時，應按該建築物之時價補償之。出典人不願補償者，於回贖時 視為已有地上權之設定。出典人願依前項規定為補償而就時價不能協議時，得聲請法院裁定之；其 不願依裁定之時價補償者，於回贖時亦視為已有地上權之設定。前二項視為已有地上權設定之情形，其地租、期間及範圍，當事人不能協 議時，得請求法院以判決定之。

土登題目：

Q、典物所有權移轉登記有何規定？

答： 典權設定後，典期屆滿後，經二年出典人不依原典價贖回原典物，依民923，典權人即取得典物所有權。應向登記機關申辦取得典物所有權移轉登記。登93，土地總登記後，土地所有權移轉、分割、合併、增減或消滅時，應為變更登記。登33，申請土地權利變更登記，應於權利變更之日起一個月內為之。繼承登記得自繼承開始之日起六個月內為之。登27（20）， 下列登記由權利人或登記名義人單獨申請之，（20）依民法第九百十三條第二項、第九百二十三條第二項或第九百二十四條但書規定典權人取得典物所有權之登記。

土登各論「用益物權登記」公式

　　下圖的目的是要讓考生瞭解不動產用益物權登記包括四權，即地上、農育、不動役與典權；跟時效取得物權登記不同的是，時效

取得登記只有地上，農育與不動役三權。

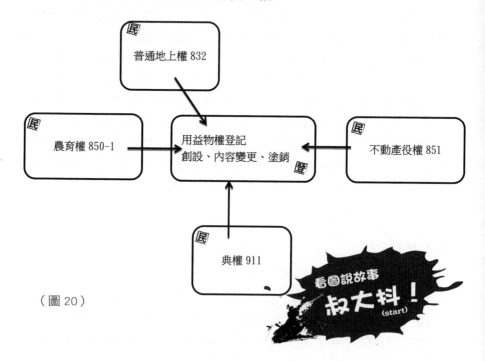

（圖20）

說到用益物權的「四權」，考生們亦可關聯性的聯想一下土34-1條中，對於共有不動產的處分規定（複習一下！）：「共有土地或建築改良物，其處分，變更及設定地上權、農育權、不動產役權或典權」，應以共有人過半數及其應有部分合計過半數之同意行之。但其應有部分合計逾三分之二者，其人數不予計算。所以共有不動產「設定負擔」：也是僅以法條中列舉之四權為限，（故以外之權利，如抵押權應回歸民819規定，即全體共有人同意行之）。

所以民法的「所有權共有」產生了「土34-1條」（共有不動產處分規定），進而產生「共有不動產處分登記」，及「共有物使用管理登記」。此部份已於本章第三節，「所有權相關登記公式」中

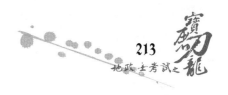

已說明，再此不再贅述。

　　而民法的他項權利之「地上、農育、不動役與典權」，產生了用益物權的「創設、內容變更、塗銷登記」。在本節筆者就用益物權相關的登記，整理公式如圖26.1，希望對考生們在整理筆記時有所幫助。

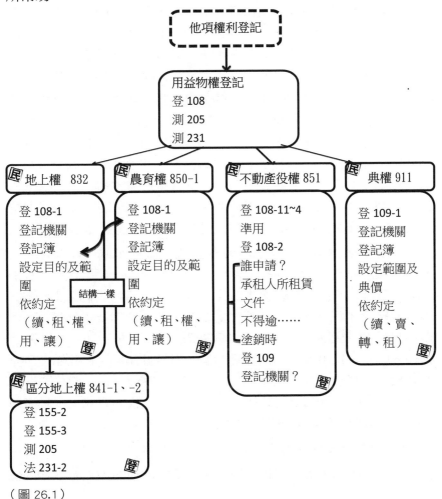

（圖 26.1）

7.5 凌波微步的「優先購買權」

……凌波微步，羅襪生塵。動無常則，若危若安。進止難期，若往若還。——曹植《洛神賦》

「凌波微步」乃是逍遙派武功，依照周易六十四卦的方位而演變的武功步法，步法甚怪，須得憑空轉一個身或躍前縱後、左竄右閃，方合於捲上的步法。禦敵對陣時只需按六十四卦步法行走而無需顧忌對手的存在，是一種我行我素、天馬行空的上乘功夫。

「凌波微步」是一門極上乘的武功，每一步踏出，全身行動與內力息息相關，絕非單是邁步行走而已。它名出於曹植《洛神賦》——「休迅飛梟，飄忽若神。凌波微步，羅襪生塵。動無常則，若危若安。進止難期，若往若還。轉眄流精，光潤玉顏。含辭未吐，氣若幽蘭。華容婀娜，令我忘餐。」原意是形容洛神體態輕盈，浮動於水波之上，緩緩行走。其中「休迅飛梟，飄忽若神」及「動無常則，若危若安。進止難期，若往若還」可作為這種武功的註解。

「優先購買權」，嚴格地說應該叫「優先承購，承典之權」（這樣寫，試卷分數漂會亮點！），是的！他就像是凌波微步般「飄忽若神」，老師們最愛在出其不意的位置給考生們來上一腳，因為他結合了民法物權，債權，土地法地權，地用及土地登記，所以這是地政士考試很重要的一個防禦重點，考生不可不慎！為了獲得分數，並且事半功倍的整理筆記，對於此議題，在此館主不是要教授你「凌波微步」這上乘武功（沒時間練了！），而是要教你「破解」武林至尊們慣用此招式的方法；首先我們要知道武林至尊們用此招式時，他們的身影會出現在那些位置？

Q、何謂優先購買權？其意義，性質為何？

答：土地或建築物出售或出典時，賦予權利關係人有依相同條

件優先承買或承典之權利，以法律效力分為物權效力及債權效力，
兩者發生競和時，物權效力優先於債權效力。

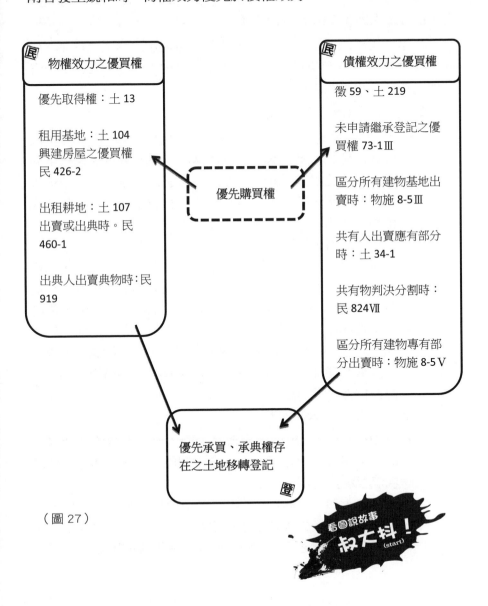

物權效力之優買權

優先取得權：土 13

租用基地：土 104
興建房屋之優買權
民 426-2

出租耕地：土 107
出賣或出典時。民
460-1

出典人出賣典物時：民
919

優先購買權

債權效力之優買權

徵 59、土 219

未申請繼承登記之優
買權 73-1 Ⅲ

區分所有建物基地出
賣時：物施 8-5 Ⅲ

共有人出賣應有部分
時：土 34-1

共有物判決分割時：
民 824 Ⅶ

區分所有建物專有部
分出賣時：物施 8-5 Ⅴ

**優先承買、承典權存
在之土地移轉登記**

（圖 27）

看圖說故事
叔大抖！
(start)

Q、具有物權效力之優先購買權為何？

答：具有物權效力之優先購買權為形成權一種，具有對世效力，在當事人與第三人間皆得主張。

1、優先取得土地之權：土13，湖澤及可通運之水道及岸地，如因水流變遷而自然增加時，其接連地之所有權人，有優先依法取得其所有權或使用受益之權。

2、租用基地新建房屋之優先購買權：

　　a·土104，基地出賣時，地上權人、典權人或承租人有依同樣條件優先購買之權。房屋出賣時，基地所有權人有依同樣條件優先購買之權。其順序以登記之先後定之。前項優先購買權人，於接到出賣通知後十日內不表示者，其優先權視為放棄。出賣人未通知優先購買權人而與第三人訂立買賣契約者，其契約不得對抗優先購買權人。

　　b·民426-2，租用基地建築房屋，出租人出賣基地時，承租人有依同樣條件優先承買之權。承租人出賣房屋時，基地所有人有依同樣條件優先承買之權。前項情形，出賣人應將出賣條件以書面通知優先承買權人。優先承買權人於通知達到後十日內未以書面表示承買者，視為放棄。出賣人未以書面通知優先承買權人而為所有權之移轉登記者，不得對抗優先承買權人。

3、出租耕地出賣或出典時：

　　a·土107，出租人出賣或出典耕地時，承租人有依同樣條件優先承買或承典之權。第一百零四條第二項之規定，於前項承買承典準用之。

　　b·民460-1，耕作地出租人出賣或出典耕作地時，承租人有依同樣條件優先承買或承典之權。第四百二十六條之二第二項及第三項之規定，於前項承買或承典準用之。

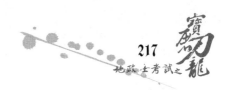

4、出典人出賣典物時：民919，典人將典物出賣於他人時，典權人有以相同條件留買之權。前項情形，出典人應以書面通知典權人。典權人於收受出賣通知後十日內不以書面表示依相同條件留買者，其留買權視為拋棄。出典人違反前項通知之規定而將所有權移轉者，其移轉不得對抗典權人。

Q、行使優先購買權之要件？

答：

1、以買賣或出典為原因（含拍賣、政府標售、破產人出賣……），贈與、交換、繼承不得主張，而成立之物權移轉行為對優先購買權人不生效力。

2、需出賣人與第三人訂立買賣契約相同條件行使權利。

3、地上權人，典權人，承租人享有權利之順序，以登記先後定之。

4、優先購買權人得請求法院確認其優先購買權之存在並塗銷所有權移轉登記，並得要求出賣人按與第三人約定，履行移轉標的物於優先購買權人。

Q、具有債權效力之優先購買權為何？

答：具權效力之優先購買權，僅具當事人間之相對性，無排他性，無追及性，其效力後於物權效力；同為債權效力之優先購買權發生競合時，其優先順序如下：

1、徵收條例第59條，土地法219條。

2、未申請繼承登記之優先購買權：土73-1III，依第二項規定標售土地或建築改良物前應公告三十日，繼承人、合法使用人或其他

共有人就其使用範圍依序有優先購買權。但優先購買權人未於決標後十日內表示優先購買者,其優先購買權視為放棄。

3、民法物權編施行法八之五條第三項,區分所有建物基地出賣時,專有部分所有權人無基地,或應有部份不足時。

4、土地法34條之1第4項,共有不動產之共有人出賣其應有部分時。

5、民法824條第4項,共有物判決分割後,法院命其分配,變賣共有物時除買受人為共有人外,共有人有優先購買權,二人同時願優先購買時,抽籤定之。

6、民法物權編施行法八之五條第5項,區分所有建物,專有部分出賣時,基地所有權人無專有部份時。

土地登記各論題目:

Q、辦理土地移轉登記時,如優先購買權人放棄其優先購買權時,申請人應檢具何文件?優先購買權人有異議時登記機關應如何處理?

答:

1、登97,申請土地權利移轉登記時,

(以下是債權效力之優先購買權登記規定)

依民法物權編施行法第八條之五第三項、第五項、土地法第三十四條之一第四項、農地重劃條例第五條第二款、第三款 或文化資產保存法第二十八條規定之優先購買權人已放棄優先購買權者,應附具出賣人之切結書,或於登記申請書適當欄記明優先購買權人確已放棄其優先購買權,如有不實,出賣人願負法律責任字樣。

2、(以下是物權效力之優先購買權登記規定)

依民法第四百二十六條之二、第九百十九條、土地法第一百零

四條、第一百零七條、耕地三七五減租條例第十五條或農地重劃條例第五條第一款規定，優先購買權人放棄或視為放棄其優先購買權者，申請人應檢附優先購買權人放棄優先購買權之證明文件；或出賣人已通知優先購買權人之證件並切結優先購買權人接到出賣通知後逾期不表示優先購買，如有不實，願負法律責任字樣。

　　3、依前二項規定申請之登記，於登記完畢前，優先購買權人以書面提出異議並能證明確於期限內表示願以同樣條件優先購買或出賣人未依通知或公告之條件出賣者，登記機關應駁回其登記之申請。

7.6 一定會考的抵押權

　　如果你只讀每個人都在讀的書，你也只能想到每個人都想到的事。──村上春樹

（圖28）

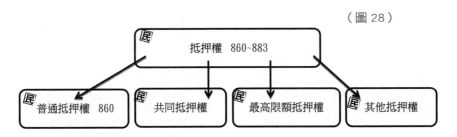

抵押權是指債權人對於債務人或者第三人不移轉占有而提供擔保的財產，在債務人不履行債務時，依法享有的就擔保的財產變價款並優先受償的權利。債務人或者第三人為抵押人，債權人為抵押權人，提供擔保的財產為抵押財產。如某人向銀行申請貸款，並以自己的住房作抵押，這時銀行即為抵押權人。抵押權特色，不若質權、留置權須占有，對抵押人而言，可融通，並可就不動產從來

使用收益。

為了方便記憶，我們分為普通抵押權，共同抵押權，最高限額抵押權與其他抵押權加以說明。

抵押權之破題（不管什麼題目，只要是抵押權議題就先寫這段！）

依民860：稱普通抵押權者，謂債權人對於債務人或第三人不移轉占有而供其債權擔保之不動產，得就該不動產賣得價金優先受

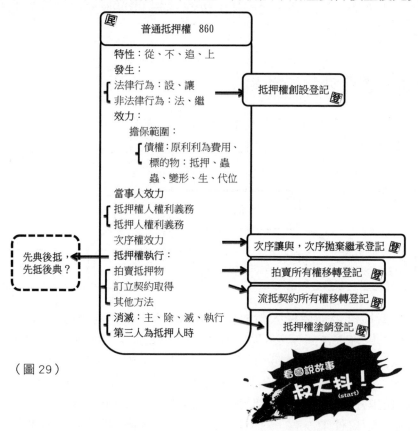

（圖29）

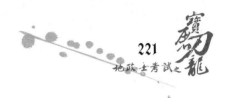
償之權。

提供擔保者：不受限於債務人所有，第三人所有者亦可。（以自己之不動產為債務人設定抵押權者，即為物上保證人）。抵押權人對物上保證人僅物權關係，而無債權關係。

所謂優先受償：指優先於一般債權。優先人序在後之抵押權，清償債務非以抵押物為限，如有不足，債務人仍負清償責任。

抵押權為擔保物權：與質權、留置權皆為擔保債務履行而直接支配債務人或第三人之權利。

抵押權之目的：為擔保債權之優先受償，而非使抵押人獲得債權清償以外之利益。

抵押權之社會作用：使一方獲得資金之融通，並就不動產為從來之使用（抵押人之權利）。

抵押權基本議題

Q、何謂擔保物權？

答：抵押權之特性（口訣：從，不，追，上）。

1、從屬性。

a．抵押權發生與消滅，主債權而存在而存在，消滅而滅滅。

b．抵押權之處分依民870，抵押權「不得由債權分離」而為讓與成為其他債權之擔保。

2、不可分性：

　　a．依民868：供債權擔保之不動產經分割或讓與其一部分或擔保一債權之數不動產，讓與一部時，其抵押權不因此而受影響（登88，合併須行文得抵押權人同意，分割不須要）。共有物分割時，對應有部分設有抵押權之效果請看

民824-1 I、民824-1 II。

b・依民869：抵押權擔保之債權經分割或讓與其一部，其抵押權不因此而受影響，債務分割或繼承一部，亦適用。（注意：登107，登114-2共同抵債權分割時……，登115 I 債權額增加……）

3、追及性：（亦為抵押人之權利）

a・865（抵押人設數抵押）不動產所有人因擔保數債權，就同一不動產設定數抵押權，其次序依登記之先後。

b・依民866：於同一不動產上得設定地上權或以使用收益為目的之物權或成立租賃關係，其抵押權不因此而受影響。（注意「先抵後典」與「先典後抵」的議題）

4、物上代位性：依民法881規定。

Q、何謂抵押權之「物上代位性」？何謂擔保物權延長說？抵押權如何能以動產或請求權為標的？

答：依民法881條規定（包括抵押物之滅失與受損之規定）

1、抵押權除法律另有規定外，因抵押物之滅失而消滅。但抵押人因滅失所得受賠償或其他利益者，不在此限。

2、抵押權人對於抵押人所得行使之「賠償」或「其他請求權」有權利質權，其次序與原抵押權同。如徵收補償金、保險金、對損害人之請求權。

3、給付義務人因故意或重大過失向抵押人給付者，對抵押權人不生效力，「抵押物因毀損」而得受賠償或其他利益，準用前3項規定。

Q、抵押權發生之原因？

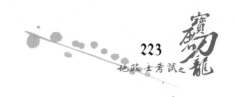

答：（口訣：設，讓，法，繼）

　　1、依法律行為：

　　　　a‧設定：758。

　　　　b‧讓與：870反推。

　　2、非法律行為（法律規定）：

　　　　a‧法定抵押權：承攬513，共有物分割824-Ⅴ、Ⅳ、Ⅴ。

　　　　b‧繼承：1147、759。

Q、抵押權滅失原因有那些？

答：（口訣：主，除，滅，執行）

　　1、主債權消滅：依據抵押權之從屬性，抵押權因主債權之發生而發生，因消滅而消滅。

　　2、除斥期間經過：依民880，以抵押權擔保之債權，其請求權已因時效而消滅，如抵押權人，於消滅時效完成後，五年間不實行其抵押權者，其抵押權消滅。

　　民145，以抵押權、質權或留置權擔保之請求權，雖經時效消滅，債權人仍得就其抵押物、質物或留置物取償。前項規定，於利息及其他定期給付之各期給付請求權，經時效消滅者，不適用之。（這裡跟總則的時效制度有關，要特別注意！）

　　3、抵押物滅失：依民881，抵押權除法律另有規定外，因抵押物滅失而消滅，但抵押人得受賠償或其他利益者，不在此限。

　　4、抵押權之執行：請看「抵押權執行」議題（口訣：拍，定，他）。

Q、抵押權塗銷登記

答：土43登7，所有權以外之物權包括廣義而言，包括他項權塗銷。

72、143、73、26、33、50。

依登143:「已登記」之土地權利,因棄、混、法院、期、終、清償,撤銷權行使,應申請塗銷登記。

★ 除斥經過

因除斥期間經過,申請塗銷依民880規定:……於消滅時效完成後5年間不行使抵押權,其抵押權消滅,此為法律規定,惟抵押權是否消滅?「非地政機所得審認」,當無從抵押人一方申請而逕予塗銷。致由抵押人「訴請塗銷」,經法院判決確定後,始得辦理;登7,依本規則登記之土地權利,非經法院判決確定,登記機不得為塗銷登記。

★ 抵押物滅失

設有抵押權之土地申請消滅登記時:亦即抵押物滅失,依民881抵押權消滅。抵押人應會同抵押權人「先辦理」抵押權塗銷登記後,再為所有權消滅登記。數宗土地權利為共同擔保,經設定抵押權登記後,依登114規定:就其中一宗或數宗共同抵押土地權利,為抵押權塗銷變更時,應辦理抵押權部分塗銷,或抵押權內容變更登記。

抵押權之效力議題

分為「標的物範圍」及「債權擔保」範圍。

Q、抵押權擔保債權範圍為何?

答:(口訣:原,利,利,為,費,用)依861。

1、抵押權所擔保者為:

a·原債權:於設定時,須以登記,以達公示效果。

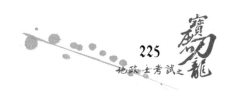

　　b‧利息：指約定利息。

　　c‧遲延利息：不以登記為必要，為法律規定，不待當事人約定。

　　d‧違約金：須登記始生效力。

　　e‧執行抵押權之費用：不以登記為必要，為法律規定。

　　f‧例外：契約另有規定者，不在此限。‧

　　（注意：登111-1，契約書訂有利息，遲延利息、違約金、其他擔保、範圍約定者應於登記簿載明）

　2、得優先受償之利息，遲延利息，一年或不及一年定期給付之違約金債權，以實行抵押權聲請強制執行前5年或強制執行程序中發生者為限。

Q、抵押權效力所及標的物範圍為何？

答：（口訣：抵押，蟲蟲，變形，生，代位）抵押權效力及於：

　1、擔保債權之不動產（即抵押物）860→直接寫破題。

　2、從物從權利：862，抵押權之效力，及於從物與從權利。

　　a‧依民68，非主物成分，常助主物之效用，同屬一人。主物之處分及於從物（如車庫）。

　　b‧第三人於抵押權設定前，就從物取得之權利不受影響。以建物抵押者，附加於建物而不見獨立性部分，亦為抵押權效力所及。

　　c‧附加部分為獨立之物，係抵押權設定後附加者，準用877併付拍賣之規定，從物併附拍賣無優先受償權利。

　3、抵押物之變形物（指殘餘餘物及分離物）：

　　民862-1，抵押物滅失之殘餘物仍為抵押權效力所及，抵押物之成分非依物之通常用法而分離成為獨立之動產者，亦同。抵押權人得請求占有該殘餘物，並依質權規定行使其權利。

4、抵押權設定後所生之孳息：

　　a · 863，天然孳息：效力及於抵押物「扣押後」，自抵押物分離而得由抵押人收取之天然孳息。

　　b · 864：法定孳息：……得由抵押人收取之法定孳息。

例外：抵押權人非以扣押抵押物之情事。通知應清償法定孳息之義務人，不得與之對抗。

5.依物上代位性：抵押人所得之賠償或其他請求權（請看何謂抵押權之物上代位性？）

Q、抵押權當事人之效力？ 抵押權人之權利義務？

答：（口訣：保全，回，序，執行）

1、抵押權人之保全請求權：

　　a · 民871 I，抵押人之行為，足使「抵押物價值減少時」，抵押權人得請求停止其行為→如砍土地上之樹、採土石。

　　如急迫之情事，抵押權人得自為必要之保全處分→如抵押人開推土機，欲推倒抵押物，抵押權人得拔除其key。

　　b · 871 II，因前項（抵押權人得請求停止其行為）請求或處分所生之費用，由抵押人負擔。其受償次序優先於各抵押權所擔保之債權。

2、抵押權人回復抵押物請求權：

　　a · 民872：抵押物價值可歸責於抵押人之事由而減少時。如抵押人開推土機，推倒了抵押物。抵押權人得定相當期限，請求回復抵押物之原狀。或提出與減少價額相當之擔保，屆時不提出，抵押權人得請求清償其債權，抵押人為債務人時，抵押權人得不再為請求，逕行請求清償其債權。

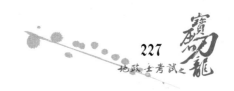

b‧抵押物價值，不可歸責於抵押人而減少時（如颱風），抵押權人僅於抵押人因此所受利益限度內，請求提出擔保。

3、次序讓與及拋棄權（請看次序權議題）

4、執行抵押權之權利（口訣：拍定他）

Q、抵押人之權利？（亦為抵押權之追及效力）

答：（口訣：設用，設抵，讓）

1、設定用益物權：民866，不動產所有人設定抵押權後，於同一不動產上，得設定地上權或其他以使用收益為目的之物權，或成立租賃關係。但其抵押權不因此而受影響。（因為抵押權為不移轉占有，故抵押人仍得就抵押物設定用益物權）

2、再設定抵押權：民865，不動產所有人，因擔保數債權，就同一不動產，設定數抵押權者，其次序依登記之先後定之。

3、抵押物讓與他人：民867，不動產所有人設定抵押權後，得將不動產讓與他人。但其抵押權不因此而受影響。

抵押權之次序權議題

民865，不動產所有人因擔保數債權，就同一不動產設定數抵押權者，其次序依登記之先後定之。

Q、賣得價金之分配次序？

答：874抵押物賣得之價金，除法律另有規定外，按抵押權成立之次序分配之。其次序相同者，依債權額比例分配之。

Q、次序權之處分？（指讓與及拋棄，調整其可優先受償之分配額）

答：870-1 I→同一抵押物有多數抵押權者。抵押權人得依下列方式調整其可優先受償之分配額，但他抵押權人利益不受影響。

1、次序讓與：（口訣：讓你在前面）

為特定故押權人利益，讓與其抵押權次序（指因調整可優先受償分配額而受利利益之該抵押權人而言，不包括讓與指先次序抵押權人，將可優先受償分配額讓與後次序其他抵押權人）抵押權人此時和讓與人及受讓與人仍保有原抵押權及次序，仍依原次序受分配，惟依次序所能獲得分配之合計金額，由受讓人優先受償，如：

抵押權人乙180萬，丙120萬，丁60萬，乙將次序讓與丁，抵押物拍賣所得300，則丁受償60萬，乙120萬，丙120萬，拍賣所得280萬時，則丁受償60萬，乙120萬，丙100萬。

2、次序拋棄：

a．相對拋棄：（口訣：你我要平等）

為特定後次序抵押權人利益，拋棄其抵押權次序，指同一抵押物之先次序抵押權人為特定後次序抵押權人之利益拋棄其優先受償之謂。此時各抵押權人次序與權利歸屬並無變動，僅拋棄人與受拋棄利益之抵押權人為同一次序，將其所得受分配之金額，共同合計後，按各債務額比例分配之。如拍賣所得300萬，乙拋棄予丁，乙、丁同列1、3次序，則乙受償135萬，丁45萬，丙120萬。拍賣所得280萬時，乙丁所得分配之債權總額180萬，乙拋棄後，乙與丁債權分配比例3：1，乙135，丁45，丙100。

b．絕對拋棄：（口訣：我到最後面）為全體後次序抵押權人利益，拋棄其抵押權次序，指為全體後次序抵押權人利益拋棄優先受償之權，此時後次序抵押權人各依次序昇進，拋棄人退處於最後地位，但拋棄後新設定之抵押權仍列

於拋棄者之後，如拍賣所得300萬，乙絕對拋棄，則丙120萬，丁60萬，乙僅120萬，拍賣所得480萬時，戊於乙絕對拋棄後設立200抵押權，則丙120萬，丁60萬，乙180萬，戊僅120萬。

3、抵押權次序讓與、拋棄，非經登記不生效力→758，登記前應通知債務人、抵押人、共同抵押人。

4、舉例：甲分別向乙、丙、丁各借款三十萬元、二十萬元、五十萬元，並以其房地分別為之設定第一、二、三順位之抵押權。另向戊借款六十萬元（無擔保）。惟於實行抵押權時　抵押房地以八十萬元拍定。在下列情形，應如何分配？

　　a·一般情形：乙受償三十萬元，丙受償二十萬元，丁受償三十萬元。

　　b·債權拋棄：如乙拋棄其三十萬元債權，則債權消滅，抵押權亦隨之消滅。此時，丙受償二十萬元，丁受償五十萬元，戊受償十萬元。

　　c·抵押權絕對拋棄：如乙絕對拋棄（指未對特定人拋棄而言）其抵押權，但其三十萬元債權並未消滅，則三十萬元債權為一般債權（無擔保債權）。此時，丙受償二十萬元，丁受償五十萬元，乙受償三點三三萬元，戊受償六點六七萬元（乙、戊均為一般債權　按債權額比例分配十萬元）。

　　d·抵押權相對拋棄：乃指對特定無擔保債權人拋棄，則拋棄人與受益人按債權額比例共享拋棄之利益。如乙為戊相對拋棄其抵押權，則乙受償十萬元，戊受償二十萬元，丙受償二十萬元，丁受償三十萬元。

　　e·次序權絕對拋棄：如乙絕對拋棄（指未對特定人拋棄而言）其次序權，則其債權與抵押權並未消滅。乙之抵押

權淪為最後次序抵押權。此時，丙受償二十萬元，丁受償五十萬元，乙受償十萬元。

f‧次序權相對拋棄：乃指對特定後次序抵押權人拋棄，則拋棄人與受益人按債權額比例共享拋棄之利益，如乙為丁拋棄其次序權，則乙受償二十二點五萬元，丁受償三十七點五萬元，丙受償二十萬元。

g‧次序權讓與：乃指對特定後次序抵押權人讓與，則讓與人將分配利益優先由受讓人享受。如乙為丁讓與其次序權，則丁受償三十萬元，丙受償二十萬元，丁受償二十萬元，乙受償十萬元。

h‧次序權變更：乃次序權互為交換，如有中間次序抵押權存在，應該經由中間次序之抵押權人同意。如乙與丁變更次序權，並徵得丙之同意，則丁受償五十萬元，丙受償二十萬元，乙受償十萬元。

Q、次序權處分後對保證人之效力？抵押權調整後保證人之責任？
（口訣：免其責任，保證人同意不在限）

答：870-2，調整可優先受償分配額時，其次序在先之抵押權所擔保之債權有保證人者。

原則：於因調整後所失優先受償之利益限度內，保證人免其責任。

例外：經該保證人同意調整者，不在此限（保證人仍應「負其責任」）。

立法說明：擔保之債權有保證人者，於保證人清償債務後，債權人對於債務人或抵押人之債權，當然移轉於保證人，該抵押權亦隨同移轉，足見抵押權關乎保證人利益甚大，基於誠信原則，債權

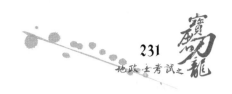

人不應依自己意思，使保證人權益受影響，如因調整可優先受償分配額而使先次序或同次序之抵押權喪失優先受償利益，將使保證人代負履行債務機會大增，對保證人有失公平。

Q、次序權處分後對第三人之不動產效力？

答：（口訣：抵押權消滅，第三人同意不在限）870-1 Ⅳ，調整可優先受償分配額時，其次序在先之抵押權擔保之債權有第三人之不動產為同一債權之擔保者。

原則：在因調整後增加負擔之限度內，以該不動產為標的物之抵押權消滅。

例外：但經該第三人同意者，不在此限。

抵押權執行議題（口訣：拍、定、他）

1、「拍」賣抵押物

要件：申請人須為抵押權人，需有債權存在，須已屆清償期仍未受清償。

拍賣之效力：

　　a．民874，抵押物賣得之價金，除法律另有規定外，按各抵押權成立之次序分配之。其次序相同者，依債權額比例分配之。

　　b．民873-2，抵押權人實行抵押權者，該不動產上之抵押權，因抵押物之拍賣而消滅。前項情形，抵押權所擔保之債權有未屆清償期者，於抵押物拍賣得受清償之範圍內，視為到期。

例外情形視為不到期：抵押權所擔保之債權未定清償期或清

償期尚未屆至,而拍定人或承受抵押物之債權人聲明願在拍定或承受之抵押物價額範圍內清償債務,經抵押權人同意者。

c‧因拍賣產生法定地上權:(重要!)民876

‧設定抵押權時,土地及其土地上之建築物,同屬於一人所有,而僅以土地或僅以建築物為抵押者,於抵押物拍賣時,視為已有地上權之設定,其地租、期間及範圍由當事人協議定之。不能協議者,得聲請法院以判決定之。

‧設定抵押權時,土地及其土地上之建築物,同屬於一人所有,而以土地及建築物為抵押者,如經拍賣,其土地與建築物之拍定人各異時,適用前項之規定。

d‧併附拍賣之規定(重要!亦為拍賣標的物之擴張)

‧建物與土地併付拍賣:民877,土地所有人於設定抵押權後,在抵押之土地上營造建築物者,抵押權人於必要時,得於強制執行程序中聲請法院將其建築物與土地併付拍賣。(重要!但對於建築物之價金,無優先受清償之權。)前項規定,於第八百六十六條第二項及第三項之情形,如抵押之不動產上,有該權利人或經其同意使用之人之建築物者,準用之。

‧權利與抵押之建物併付拍賣:民877-1,以建築物設定抵押權者,於法院拍賣抵押物時,其抵押物存在所必要之權利得讓與者,應併付拍賣。(重要!但抵押權人對於該權利賣得之價金,無優先受清償之權。)

‧附加建物與抵押之建物併付拍賣:民862II……以建築物為抵押者,其附加於該建築物而不具獨立性之部分,亦為抵押權效力所及。民862III:……但其附加部分為獨立之物,如係於抵押權設定後附加者,準用第八百七十七條之規定。

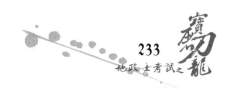

2、「訂」立契約取得抵押物所有權（亦稱為流抵契約、流押契約）

　　a · 依民878，抵押權人得於債權清償期屆滿後，訂立契約，取得抵押物所有權。

　　b · 依民873-1，約定債權已屆清償期而未受清償時，抵押物所有權移屬於抵押權人者？

　　　・其約定非經登記者不得對第抗第三人。（縱未登記，當事人仍得請求移轉登記）

　　　・抵押物價值超過擔保債權部分？→應返還抵押人，不足清償者？→仍得請求債務人清償。

　　　・抵押人仍得於抵押物所有權移轉前，清償債務，以消滅該抵押權

3、以拍賣以外其「他」方法，處分抵押物，但有害於其他抵押權人利益者，不在此限。

Q、甲以耕地作為抵押權之標的物後，甲出租耕地與第三人，第三人地上之禾苗是否為抵押權效力之所及？

答：動產因附合而為不動產之重要成分者，不動產所有人，取得動產所有權（民八一一）。禾苗屬於耕地之一部分，故禾苗為抵押權之效力所及。

Q、土地及其土地上之建築物，同屬於甲所有，而僅以土地為抵押，拍賣土地時得否併付拍賣建築物？

答：拍賣土地時不得併付拍賣建築物，但建物存在土地上，視為已有地上權之設定。

Q、甲於設定抵押權後，在抵押物之土地上營造建築物，拍賣土地時，得否併付拍賣建築物？

答：抵押權人得將其建築物與土地併付拍賣，但對於建築物之價金，無優先受清償之權。

Q、甲於設定抵押權「後」，在抵押之建物屋頂增建一間或一層，得否併付拍賣？

答：應視為增建部分之性質而定，增建部分如為獨立物，則非抵押權之效力所及，但可採併附拍賣，對於增建部分之價金，無優先受償之權；增建部分如不具獨立性，則為抵押權之效力所及。

Q、甲於設定抵押權之「前」，在抵押之建物屋頂增建一間或一層，得否併附拍賣？

答：應視增建部分之性質而定，增建部分如為獨立物，則非抵押權之效力所及，並不得聲請併附拍賣；增建部分如不具獨性，則為抵押權之效力所及。

Q、甲於設定抵押權後，在抵押之土地上種植果樹，拍賣土地時，得否併附拍賣果樹？

答：不動產之出產物，尚未分離者，為該不動產之部分（民66）。因此，果樹屬於土地之一部分，土地上之果樹為抵押權之效力所及。拍賣土地時併拍賣土地上之果樹。

Q 、甲以土地上之建物作為抵押權之標的物後，其在土地後面增建廚廁，該廚則是否為抵押權效力之所及？

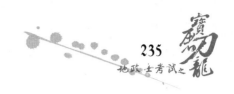
答：因廚廁為建物之附屬物，不具獨立性，故抵押權之效力及於廚廁。

Q、甲以戲院作為抵押權之標的物，其戲院內之椅子是否為抵押權效力之所及？

答：因椅子為戲院之從物，故抵押權之效力及於椅子。

Q：甲以工廠之廠房作為抵押權之標的物，其廠房內之機器是否為抵押權效力之所及？

答：因機器之價值甚至高於廠房，且自動產擔保交易法施行後，機器得單獨為動產抵押之標的，因此機器非為廠房之從物，故抵押權之效力不及於機器。

抵押權執行時，有他項權利存在之議題

Q、同一土地，抵押權與典權並存之關係為何？抵押權人申請法院拍賣時，可否請法院塗銷典權？

答：

1、先抵後典：

    a‧民866，不動產所有人設定抵押權後，於同一不動產上，得設定地上權或其他以使用收益為目的之物權（含典權），或成立租賃關係。但其抵押權不因此而受影響。

    b‧實行抵押權時，典權存在有影響抵押權時：866II，前項情形，抵押權人實行抵押權受有影響者，法院得除去該權利或終止該租賃關係後拍賣之。（不只典權，凡租賃或其

他權利有影響抵押權之行使者，皆得請求法院除去後拍賣之）

c·實行抵押權時，典權存在不影響抵押權時：無須塗銷典權登記，他物權於抵押權無影響時仍得繼續存在。

d·其他物權準用此規定：866III，不動產所有人設定抵押權後，於同一不動產上，成立第一項以外之權利者，準用前項之規定。

2、先典後抵：

依物權優先效力，設定在先之典權，不會因設定在後之抵押權而受影響，抵押權人實行抵押權拍賣時，不得請求法院塗銷典權。民917，典權人得將典權讓與他人或設定抵押權。典物為土地，典權人在其上有建築物者，其典權與建築物，不得分離而為讓與或其他處分。

物上保證人議題

1、民879，為債務人設定抵押權之第三人，代為清償債務，或因抵押權人實行抵押權致失抵押物之所有權時，該第三人於其清償之限度內，承受債權人對於債務人之債權。但不得有害於債權人之利益，債務人如有保證人時，保證人應分擔之部分，依保證人應負之履行責任與抵押物之價值或限定之金額比例定之。抵押物之擔保債權額少於抵押物之價值者，應以該債權額為準。前項情形，抵押人就超過其分擔額之範圍，得請求保證人償還其應分擔部分。

2、民879-1，第三人為債務人設定抵押權時，如債權人免除保證人之保證責任者，於保證人應分擔部分之限度內，該部分抵押權消滅。

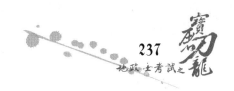

Q、物上保證人（第三人）之求償權？（95年考題）甲向乙貸款，以丙之A屋為擔保設抵押權，問（1）丙將A屋拆毀建B屋，乙對B屋有無抵押權？（2）求償期屆至，甲無力償還，丙為避免A屋遭查封拍賣，代甲清償，丙對甲有何權利？（3）乙將債權連同抵押權讓與丁？

答：第三人以自己不動產為債務人設定抵押者，為物上保證人。物上保證人之權利（承受債權之權利）如民879，第三人代為清償債務，或因抵押權人實行抵押權致抵押物喪失所有權。第三人於清償期限內，承受債權人對債務人之債權，但不得有害債權人之利益。民879-1，如債權人「免除保證人之責任？」於保證人應分擔部分限度內，該部分抵押權消滅。

Q、債務人如有保證人時（人保），保證人「應分擔部分」為何？

答：依保證人應負之履行責任，抵押物價值，限定金額比例定之。擔保債權額中於抵押物價值者，應以債權額為限，抵押人就超過其分擔額之範圍得請求保證人償還其應分擔部分。

共同抵押權議題

　　同一債權於「數不動產」上設定抵押權者，「抵押權人」行使其權利，執行拍賣時，其規定與原則為？（亦為執行共同抵押權拍賣之效力）

　　1、自由選擇主義：民875，為同一債權之擔保，於數不動上設定抵押權時，而未設定各不動產負擔金額，抵押權，得就「各」不動產賣得價金，受償全部或一部清償。（亦即每筆不動產，均須擔保全部債權）

2、債務人所有之不動產，優先負擔原則：875-1，為同一債權之擔保，於數不動產設抵，抵押物全部或部分拍賣時，拍賣之抵押物為債務人所有，抵抵權人應先就該抵押物賣得價金受償。

立法目的：減少物上保證人求償問題，而又不影響抵押權人受償權利。

民

共同抵押權　860

優先負擔 875-1
自由選擇權 875

計算分攤比例　875-2

同時拍賣之價金分配 875-3

分別超過分擔額時求償關係 875-4

（圖30）

Q、各抵押物對債權分擔比例：

答：875-2。

1、未限定各個不動產負擔金額時：依抵押物價值比例。

2、已限定各不動產負擔金額時：依抵押物限定金額比例。但負擔金額＞抵押物價值，以抵押物價值為準。

3、僅限定部分不動產負擔金額時：依各抵押物限定金額與各抵押物價值比例。但負擔金額＞抵押物價值，以抵押物價值為準。

4、擔保物價值＞債務總額時，依各抵押物負擔比例。

擔保物價值＜債務總額時，依抵押物限定金額計。

立法理由：抵押物不屬於同一人或抵押物上有後次序抵押權存在，為期平衡物上保證人與後次序抵押權人利益，宜就各抵押物內部對債權分擔計算予以明定

Q、同時拍賣之價金分配？

答：民875-3，為同一債權之擔保，於數不動產上設定抵押權者，在

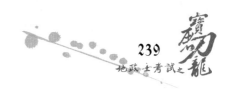

抵押物全部或部分同時拍賣，而其賣得價金超過所擔保之債權額時，經拍賣之各抵押物對債權分擔金額之計算，準用前條（875-2）之規定。

Q、數抵押物分別拍賣時？分別超過分擔額時的求償關係？

答：875-4。

1、拍賣之抵押物為債務人以外第三人所有：抵押權人就賣得價金受償之債權額超過其分擔額時，抵押物所有人就超過分擔額範圍內，得請求其餘未拍賣之其他第三人償還。

2、拍賣抵押物為同一人所有：抵押權人就賣得價金受償之債權額超過其分擔額時，抵押物後次序抵押權人就超過分擔額範圍內，對其餘未拍賣之同一供擔保之抵押物，承受實行抵押權人之權利，但不得有害於該抵押權人之利益。

最高限額抵押權議題

最高限額抵押權（破題）：依民881-1，稱最高限額抵押權者，謂債務人或第三人提供其不動產為擔保，就債權人對債務人一定範圍內之不特定債權，在最高限額內設定之抵押權。不特定債權：現在將來可能發生之債務，因繼續性所生之債權；一定範圍內：在最高限額內設定抵押權，其所擔保之債權發生原因與限制為以一定法律關係所生之債權，或基於票據所生權利為限。基於票據所生權利，屬於與不屬於最高限額抵押權擔保之債權，其擔保範圍發生原因為：

1、屬於擔保之債權：指本於與債務人間一定法律關係取得者。

2、不屬於擔保之債權發生原因：

抵押權人係於債務人已停止支付，開始請求程序，依破產法有和解破產之聲請，有公司重整之聲請，仍受讓票據不屬最高限額抵押權所擔保之債權。

3、抵押權人不知其情事而受讓票據，不在此限。

Q、最高限額抵押權之特性？100年考最高限額抵押權之約定額度與範圍，如何規定？最高限額抵押權原債權之行使範圍，如何規定？利息、遲延利息、違約金行使範圍，如何規定？

答：

1、一定範圍內之不特定債權：民881-2

　　a.原債權行使範圍？抵權人就已確定之原債權，僅就其約定之最高限額抵押權範圍內，行使其權利。

　　b.利息、遲延利息、違約金行使範圍：與原債權範圍合計，不逾最高限制範圍者，方得行使其權利。

2、最高限額抵押權不隨債權移轉（無從屬性）：民881-6，最高限額抵押權擔保之債權，於原債權確定前，讓與他人，最高限額抵押權不隨同移轉，第三人為債務人清償債務時，最高限額抵押權不隨同移轉。

Q、最高限額抵押權擔保之債權，第三人為債務人清償債務，其法律效力為何？第三人承擔債務之法律效果為何？

答：881-6Ⅱ……最高限額抵押權所擔保之債權，於原債權確定前經第三人承擔其債務，而債務人免其責任者，抵押權人就該承擔之部分，不得行使最高限額抵押權。

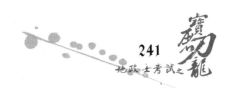
最高限額抵押權之確定期日（又為最高限額抵押權之特殊確定事由）

因最高限額抵押權押權在設定時，不以債權存在為必要。故確定之期日變得重要，因涉及抵押權之執行。

1、有約定確定期日：881-4，最高限額抵押權得約定其所擔保原債權應確定之期日，並得於確定之期日前，約定變更之。前項確定之期日，自抵押權設定時起，不得逾三十年。逾三十年者，縮短為三十年。前項期限，當事人得更新之。

2、未約定確定期日：881-5，所擔保之原債權未約定確定期日之法律效果？

抵押人或抵押權人「得隨時請求」確定所擔保之原債權，但抵押人或抵押權人，另有約定依其約定，抵押人或抵押權人自請求之日起15日為其確定期日。

3、法定確定事由發生而生確定期日：

　　a‧抵押權人或債務人為法人合併：881-7，原債權確定前，最高限額抵押權之抵押權人或債務人為法人而有合併之情形者，抵押人得自知悉合併之日起十五日內，請求確定原債權。但自合併登記之日起已逾三十日，或抵押人為合併之當事人者，不在此限。有前項之請求者，原債權於合併時確定。合併後之法人，應於合併之日起十五日內通知抵押人，其未為通知致抵押人受損害者，應負賠償責任。前三項之規定，於第三百零六條或法人分割之情形，準用之。

　　b‧共同設定數不動產發生確定事由：

881-10，為同債權之擔保，於數不動產上設定最高限額抵押權，其擔保之原債權，僅其中一不動產發生確定事由，各最高限額抵押權所擔保之原債權均歸於確定。

c·最高限額抵押權，不因當事人死亡而受影響（與847之追及性同意）。881-11，最高限額抵押權，不因抵押權人、抵押人或債務人死亡而受影響，但經約定為原債權確定之事由者，不在此限。

d·最高限額抵押權擔保之原債權確定原因：最高限額抵押權僅約定擔保已發生或將來發生之債權，至於實際擔保範圍，非待原擔保之債權確定，不能判斷。

民881-12之一般事由：

- 約定之原債權確定期日屆至者。
- 擔保債權之範圍變更或因其他事由，致原債權不繼續發生者。
- 擔保債權所由發生之法律關係經終止或因其他事由而消滅者。
- 債權人拒絕繼續發生債權，債務人請求確定者。（原債權未約定確定之期日，抵人或抵權人得求確定其擔保之原債權）
- 最高限額抵押權人聲請裁定拍賣抵押物，或依第八百七十三條之一之規定為抵押物所有權移轉之請求時，或依第八百七十八條規定訂立契約者。（最高限額抵押權權人聲請裁定拍賣抵押物或請求移轉抵押物）
- 抵押物因他債權人聲請強制執行經法院查封，而為最高限額抵押權人所知悉，或經執行法院通知最高限額抵押權人者。但抵押物之查封經撤銷時，不在此限。（於原債權確定後已有第三人受讓擔保債權或以該債權為標的物設定權利者，不適用之）
- 債務人或抵押人經裁定宣告破產者。但其裁定經廢棄確定時，不在此限。

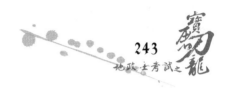

Q、最高限額抵押權確定後之效力？

答：

1、請求結算變更登記：881-13，最高限額抵押權所擔保之原債權確定事由發生後，債務人或抵押人得請求抵押權人結算實際發生之債權額，並得就該金額請求變更為普通抵押權之登記。但不得逾原約定最高限額之範圍。

最高限額抵押權所擔保之原債權確定事由發生後，債務人或抵押人得請求：

　　a・抵押權人結算實際發生之債權額。

　　b・並得就該金額請求變更為普通抵登記。

　　請求變更為普通抵登記之限制，不得逾原約定最高限額之範圍（因牽涉他順序抵押權人權益）、

2、確定後不再擔保繼續發生之債權：原擔保之債權轉變為特定債權（Q、原債權確定後，擔保效力是否於繼續發生之債權？）。881-14，最高限額抵押權所擔保之原債權確定後，其擔保效力不及之處。

　　a・其擔保效力「不及」於「繼續」「發生」之債權。

　　b・或取得之票據上之權利。

　　c・本節另有規定，依其規定。

3、實際債權超過最高限額抵押權時之處置：（第三人最高限額抵押權之塗銷登記請求權）

實際債權超過最高限額時之處置為何？依民881-16：

　　a・發生之時間：最高限額抵押權所擔保之原「債權確定」後。

　　b・發生之情形：於實際「債權額」「超過」最高限額時。

　　c・得請求「塗銷」其抵押權之清償額度：於「清償」最高限

額為度之金額。

　　d‧得請求「塗銷」之人：

　　‧為債務人設定抵押權之第三人。

　　‧或其他對該抵押權之存在有法律上利害關係之人。

　　4、數人共有最高限額抵押權：依民881-9，最高限額抵押權為數人共有者，各共有人按其債權額比例分配其得優先受償之價金。但共有人於原債權確定前，另有約定者，從其約定。共有人得依前項按債權額比例分配之權利，非經共有人全體之同意，不得處分。但已有應有部分之約定者，不在此限。

最高限額抵押權變更

　　1、約定變更債權範圍或債務人：

　　最高限額抵押權所擔保之債權以由一定法律關係所生之債權或基於票據所生權利為限，原債權確定前當然可變更債權發生之範圍或債務人，依民881-3：原債權確定前，抵押權人與抵押人得約定變更債權範圍或債務人，無須後次序抵押權人或其他利害關係人同意。

　　2、特定繼受：亦可視為最高限額抵押權擔保之債權讓與，債務承擔或第三人清償時之效力？

　　　　a‧最高限額抵押權不隨同債權移轉與普通抵民870規定之不可分性有差異。

　　　　b‧依民881-6規定：最高限額抵押權不隨同債權移轉：

　　　　‧發生之標的：最高限額抵押權所擔保之「債權」。

　　　　‧發生之原因：於原債權「確定前」「讓與」他人。

　　　　‧讓與他人之法律效果：其最高限額抵押權「不隨同移轉」。

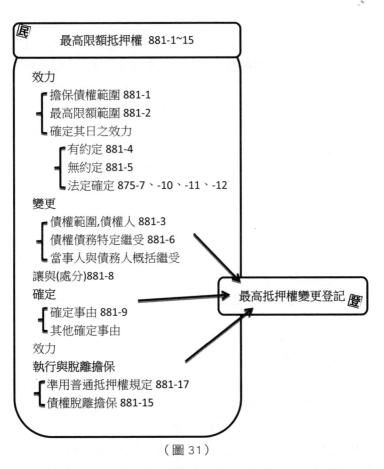

（圖31）

・第三人為債務人清償債務者，其法律效果：其最高限額
抵押權「不隨同移轉」。
・第三人「承擔」其債務之規定：承擔之時間：最高限額抵
押權所擔保之債權，於原債權確定前，經第三人「承擔」
其債務，而債務人免其責任。
・第三人「承擔」其債務之法律效果：抵押權人就該承擔之
部分，「不得」「行使」最高限額抵押權。

3、概括繼受：

　　a · 法人合併、營業合併、法人分割：881-7，原債權確定前，
　　　最高限額抵押權之抵押權人或債務人為法人而有合併之
　　　情形者，抵押人得自知悉合併之日起十五日內，請求確定
　　　原債權。但自合併登記之日起已逾三十日，或抵押人為合
　　　併之當事人者，不在此限。有前項之請求者，原債權於合
　　　併時確定。合併後之法人，應於合併之日起十五日內通知
　　　抵押人，其未為通知致抵押人受損害者，應負賠償責任。
　　　前三項之規定，於第三百零六條或法人分割之情形，準用
　　　之。

　　b · 最高限額抵押權之當事人死亡，發生繼承，然不因抵人、
　　　抵權人或債務人死亡而受影響。881-11，最高限額抵押權
　　　不因抵押權人、抵押人或債務人死亡而受影響。但經約定
　　　為原債權確定之事由者，不在此限。

最高限額抵押權處分

　　民881-8，原債權確定前，經抵押人之同意，將最高限額抵押權
押權之全部，讓與他人或分割其一部，讓與他人，得使他人成最高
限額抵押權之共有人前提？（看881-9）

　　原債權確定前經抵押人同意，債權讓與不用債務人同意，但最
高限額抵押權在原債權確定前的讓與必須經抵押人同意二者性質
不同。同樣地若第三人加入成為最高限額抵押權共有人，也比照辦
理。最高限額抵押權不似普通抵與債權有從屬性（民870），而具有
獨立讓與性且於處分上無從屬性，惟物權行為仍應依758登記始生
效力。

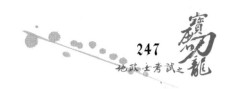

最高限額抵押權之執行與債權脫離擔保

1、民881-17，普通抵押權之規定於最高限額抵押權準用之，但以下各條除外：

（亦為「普通抵押權」與「最高限額抵押權」，不同之處）：

a‧第861條：抵押權之擔保範圍：得優先受償之利息、遲延利息、一年及不及一年定期給付之違約金債權，以於抵押權人實行抵押權聲請強制執行前五年內發生及於強制執行程序中發生者為限。

b‧第869條：抵押權之不可分性（二）……債權分割，抵押權不受影響。（第1項）

c‧第870條：抵押權之從屬性……債權與抵押權互為從屬。

d‧第870-1條：抵押權次序之讓與及拋棄。

e‧第870-2條：抵押權調整後保證人之責任。

f‧第880條：時效完成後抵押權五年不實行之消滅規定。

2、債權脫離擔保：881-15，債權時效完成後，最高限額抵押權擔保範圍之喪失：

a‧發生之前提：最高限額抵押權所擔保之「債權」，其請求權已因「時效而消滅」。

b‧最高限額抵押權之「消滅」：抵押權人於消滅時效完成後，「五年間」「不實行」其抵押權，該債權不再屬於最高限額抵押權擔保之範圍。

3、最高限額抵押權之共有：881-9：最高限額抵押權為數人共有者，各共有人按其債權額比例分配其得優先受償之價金。但共有人於原債權確定前，另有約定者，從其約定。共有人得依前項按債權額比例分配之權利，非經共有人全體之同意，不得處分。但已有應有部分之約定者，不在此限。

其他抵押權之議題

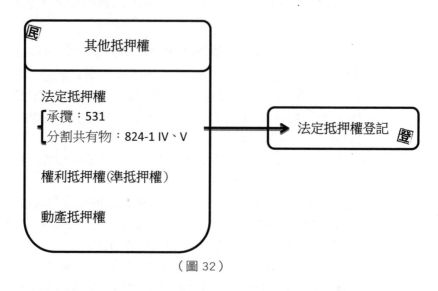

（圖 32）

1、權利抵押權：所有權以外之不動產物權，民882，地上權、農育權及典權，均得為抵押權之標的物。（又稱準抵押）

成立及效力依民883，普通抵押權及最高限額抵押權之規定，於前條抵押權及其他抵押權準用之。

2、法定抵押權：（重要！注意土登的法定抵押權登記！）

抵押權之所生有基於法律行為及非法律行為之原因外，尚有因「法律之規定」而生，視為已有抵押權之設定，「不以登記」為生效要件。

  a·承攬人之法定抵押權：民513，承攬之工作為建築物或其他土地上之工作物，或為此類工作物之重大修繕，承攬人得就承攬關係報酬額，對於工作所附之定作人之不動產，請求定作人為抵押權登記，或對於將來完成之定作人不動

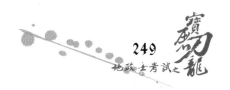

產，請求預為抵押權登記。

b‧共有物分割所生之法定抵押權：民824-1 IV，如為不動產分割者，有金錢補償情形，應受補償之共有人就其補之金額，對於「補償義務人」所分得之不動產有抵押權。民824-1 V，前項「抵押權」於辦理共有物分割登記時一併登記，其次序優先於 II 但書。

c‧依國宅條例：國宅條17、27　政府出售國民住宅及其基地，買賣契約簽訂後所有權移轉於承購人，其因貸款所生之債權，自簽訂之日起，債權人對住宅及基地，享有第一順位之法定抵押權，優先受償。申請貸款自建之國民住宅，其因貸款所生之債權，自簽訂契約之日起，借款機對於該住宅及其基地，享有第一順位之法定抵押權優先受償。

3、動產抵押權：以「動產」為標的物之抵押權。

提示Q 、（土登題目）法定抵押權如何登記？

國家圖書館出版品預行編目資料

地政士考試之寶刀屠龍 / 楊景麟
--初版-- 臺北市：博客思出版事業網：2016.7
ISBN：978-986-93139-0-2（平裝）

1.地政士 2.考試指南

554.3   105007592

法律證照 1

地政士考試之寶刀屠龍

作　　者：楊景麟
編　　輯：張加君、沈彥伶、塗宇樵
美　　編：塗宇樵
封面設計：塗宇樵
出 版 者：博客思出版事業網
發　　行：博客思出版事業網
地　　址：台北市中正區重慶南路1段121號8樓之14
電　　話：(02)2331-1675或(02)2331-1691
傳　　真：(02)2382-6225
E—MAIL：books5w@gmail.com或books5w@yahoo.com.tw
網路書店：http://bookstv.com.tw/、http://store.pchome.com.tw/yesbooks/
　　　　　http://www.5w.com.tw、華文網路書店、三民書局
　　　　　博客來網路書店 http：//www.books.com.tw
總 經 銷：成信文化事業股份有限公司
電　　話：02-2219-2080　　傳 真：02-2219-2180
劃撥戶名：蘭臺出版社 帳號：18995335
香港代理：香港聯合零售有限公司
地　　址：香港新界大蒲汀麗路36號中華商務印刷大樓
　　　　　C&C Building, 36,Ting, Lai, Road, Tai,Po, New,Territories
電　　話：(852)2150-2100　　傳 真：(852)2356-0735
總 經 銷：廈門外圖集團有限公司
地　　址：廈門市湖裡區悅華路8號4樓
電　　話：86-592-2230177　　傳 真：86-592-5365089
出版日期：2016年7月 初版
定　　價：新臺幣350元整（平裝）
ISBN：978-986-93139-0-2